最新日本史
まさか！ その「歴史」は
嘘だった150

日本博識研究所

宝島
SUGOI
文庫

宝島社

はじめに

「我々は、歴史の目撃者である」

世界を震撼《しんかん》させる事件や事故が起きたとき、誰も成し得なかったことが達成されたとき――。その瞬間を生き、目《ま》の当たりにした私たちは「歴史の目撃者」となる。そして、それらの出来事を「記録」として残し、後世に伝える義務がある。こうして数多くの「記録」が歴史を作り上げてきたのだ。

ただし、古来より記録の多くは「勝者」の手によって残されたのもまた、事実だ。文明や政治、宗教……あらゆる人間の営みには争いが付きまとい、結果として「勝者」と「敗者」に分かれる。そして、争いに勝利した者の手によって残された記録は「正史」として後世に伝えられるのだ。一方、敗者側の記録は時に歪《ゆが》められ、異端とされ歴史の闇に葬られる。

本書では、勝者によって残された「正史」から視点をはずし、闇に葬られたもう一方の「歴史」にもスポットを当てている。もちろん、本書に記されたことのすべてが真実というわけではない。だが、勝者による「正史」が真実であるかどうかも、確かではないのだ。何が正しくて、何が正しくないのか——そのジャッジは、読者諸兄に委ねられる。

「勇猛果敢な武将・真田幸村は、本当は物静かな人物だった？」「本能寺の変で、織田信長が取った最後の抵抗とは？」「坂本龍馬よりも先に、船中八策を唱えた人物がいた！」「秘《ひそ》かに語り継がれる徳川吉宗の隠し子事件」「卑弥呼は人にあらず 役職名・称号だった！」「女性実業家・広岡浅子のずば抜けた生命力とは⁉」エトセトラ。

本書では、古代から中世、戦国、江戸、幕末、そして近現代に至るまで、日本の歴史を作り上げたあらゆる「記録」を再検討し、新たな説を紹介している。新説を知れば知るほど、すべての事柄には表と裏の面があることを実感するだろう。だがそれは、過去の話だけではない。この先に起こるすべての事柄にもいえることである。

読者諸兄は、どうか表の記録だけに惑わされないでほしい。「歴史の目撃者」として、真実を見極める目が養われることを切に願う。

日本博識研究所

最新日本史　まさか！　その「歴史」は嘘だった150

目次

CONTENTS

CONTENTS

CONTENTS

CONTENTS

CONTENTS

Book Staff

表紙イラスト　カスヤナガト
本文イラスト　諏訪原寛幸、宇野道夫、福田彰宏、影井由宇、渡辺とおる、水木繁、一徳、川島健太郎
編集　山田容子、中尾祐子（株式会社 G.B.）
デザイン　山口喜秀（G.B.Design House）
DTP　秦喜代志（ハタ・メディア工房株式会社）

第1章

幕末・維新

維新の立役者は、極貧下級武士の家に生まれた

西郷隆盛の生まれた家はちょー貧乏な武家だった!?

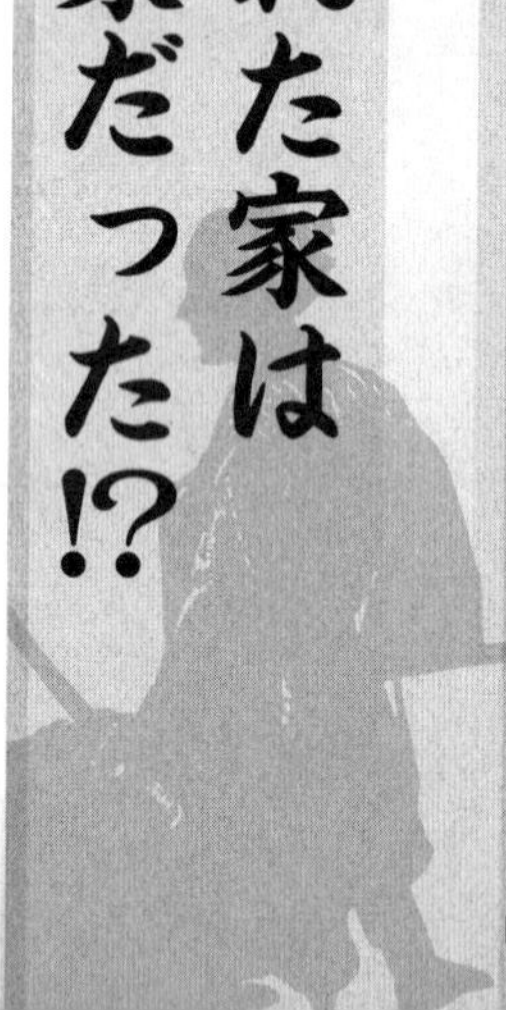

西郷家の長男として誕生

１８２７年12月７日、西郷隆盛《さいごうたかもり》は西郷家の長男として誕生した。鹿児島城下の下加治屋町にあった西郷家だが、もとは肥後国（現在の熊本県）菊池郡西郷村の領主の家系だったことから、姓として西郷を称したといわれている。父の吉兵衛《きちべえ》は西郷家６代目当主であり、隆盛は７代目であった。

記録によると、隆盛は身長およそ１８０センチ、体重１００キロ。父の吉兵衛も隆盛に勝るとも劣らない体格で、江戸の力士と

互角に相撲を取るほど、屈強な男だと伝えられている。母のマサは豪快な気質を持つ薩摩藩士・篠原権兵衛の娘。そんなふたりの間には隆盛を含め男子4人、女子3人の子どもがいた。祖父母が健在だった西郷家は11人の大家族だったことになる。

薩摩藩は4人にひとりが武士

隆盛が生まれ育った薩摩は、他藩と比べて士農工商の線引きが曖昧《あいまい》だった。特に顕著なのが武士の数が多いことで、その割合は26パーセントにのぼったという。全国平均が5〜6パーセントの時代、薩摩藩にいかに多くの武士がいたかがわかる。

これほどまでに武士が多いと、その全員を城下に住まわせることができない。そこで領内を110ほどの郷（行政区画）に分け、それぞれに武士を配置した。この政策により薩摩藩の武士は、城下に住む城下士と城外の郷に住む郷士（外《と》城《じょう》士）とに、分かれることになる。

なお、郷士の多くは自ら田畑を所有して耕作を行なう半士半農

西郷家をめぐる人物相関図

島津家
第28代当主・斉彬が西郷を見出したが、斉彬の異母弟で次の指導者・久光とは馬が合わなかった

近衛家
尊王攘夷派の僧侶・月照がいた清水寺は近衛家の祈願寺。近衛家が島津家と徳川将軍家を結んだ

徳川家
強い徳川家を目指した井伊直弼とは対立するが、幕府陸軍総裁の勝海舟は尊敬していたという

であり、また士族階級に属する職人や商人も大勢いたという。

城下士として下層だった西郷家

西郷家は城下士であったが、その身分は低かった。城下士の序列は御一門、一所持、一所持格、寄合、寄合並、無格、小番、新番、御小姓与、与力、さらに准士分の足軽に分けられていた。足軽を除いた10階級のうち、西郷家は下から2番目の御小姓与で、いわゆる下級武士の家柄だったことになる。

当時の資料によれば、西郷家の石高は47石。住まいの敷地は259坪あり、奉公人も召し抱えていた。小番以下の約半数が石高10石に満たなかったといわれる時代にあって、御小姓与の中では比較的裕福なほうだったと思われる。

ただし、隆盛が生まれた頃には石高の多くは売り払われていたようで、実際は兄弟姉妹が一枚の布団を奪い合って寝るほどの貧困ぶりだったと伝えられている。

なお、隆盛は1864年、御小納戸頭取に任じられ、家格が小番に昇格。明治維新後は、寄合に引き上げられた。

下級武士から見出され出世街道まっしぐら？

維新の三傑・西郷隆盛は借金まみれの人生だった!?

下級武士から徐々に昇進

18歳になった隆盛は郡方書役助《こおりかたかきやくすけ》として働くようになる。郡方書役助とは農村担当の役職であり、その後10年間、年貢の収納や作柄の調査、灌漑施設の整備などに従事した。

隆盛が頭角を現すきっかけとなったのが、1854年のこと。当主の島津斉彬《しまづなりあきら》が参勤交代で江戸に向かう際、供のひとりとして抜擢。江戸到着後は薩摩藩江戸屋敷の「お庭方」を拝命。以後、隆盛は薩摩藩の使いとして、他藩士との交流を深めていくことになる。

自殺未遂と2度の島流し

幕府に反発する者を弾圧する安政の大獄がはじまる中、斉彬が急死。隆盛は殉死を考えるが、共に国事に奔走してきた勤皇の僧・月照《げっしょう》に諭され、思いとどまったという。その後、幕府に追われる月照をかくまうべく薩摩を目指すが、斉彬亡き薩摩藩は幕府との軋轢《あつれき》を避けるため、受け入れを拒否。隆盛は行き場を失った月照と鹿児島湾での入水《じゅすい》自殺を図るものの、奇跡的に助かる。

薩摩藩は、幕府に対してふたりの死を届け出た上で、菊池源吾と改名させた隆盛を奄美《あまみ》大島に隠した。これが一度目の島流しである。島民との交流の中で、信頼を得た隆盛は、愛加那《あいかな》という島妻を迎え、長男・菊次郎を授かる。

およそ3年後、ようやく薩摩に呼び戻された隆盛だが、斉彬に代わり藩の最高権力者となった弟の久光《ひさみつ》の逆鱗に触れ、わずか4ヵ月で再び沖永良部島《おきのえらぶじま》に流される。過酷な暮らしを強いられるが、島民の信頼を得て、生活環境は改善されたといわれている。

「西郷どん」を読む

『翔ぶが如く』 司馬遼太郎／文藝春秋

1972～76年にかけて連載された長編歴史小説。西郷隆盛と大久保利通を軸に描き、1990年のNHK大河ドラマの原作になった。ちなみに、90年の大河ドラマでは、西郷を西田敏行、大久保を鹿賀丈史が演じた。西田敏行は2018年の大河ドラマでは「語り」を演じている

薩摩藩の顔として政治の表舞台へ

二度目の島流しから2年後、久光の許しを得た隆盛は、いよいよ政治の表舞台へと躍り出る。

禁門の変で長州軍を破った隆盛は、続く長州征伐では幕府軍総参謀に任命される。朝敵の烙印を押された長州藩を徹底的に粉砕することを目的とした長州征伐であったが、ここで隆盛は勝海舟と出会い雄藩連合の実現を模索するようになったという。

長州藩に対して武力による打撃を与えず、いくつかの条件のもと和睦に持ち込んだ隆盛は、この頃から薩摩藩において絶対的な発言力を持つようになる。隆盛の意見が、そのまま藩論になるといっても過言ではないほどであり、藩主久光ですら、口出しができないほどだったといわれる。

その後、薩長同盟を締結させた隆盛は、鳥羽伏見の戦いでは東征大総督府下参謀に任命される。そして、江戸城への無血入城を果たす。新政府樹立後は参議として廃藩置県を実施。また、陸軍元帥として徴兵令を出すなど、重要な役割を果たしたが、政府内での朝鮮使節派遣に関する意見対立により、47歳で参議を辞職することになる。

親の代からの借金を47歳で完済

御小姓与の家柄から参議・陸軍大将にまで出世した隆盛だが、その人生には借金がつきまとっていた。

事の発端は御小姓与時代。薩摩では石高の売買が許されていたため、生活に窮した士族が高を切り売りすることは珍しくなかった。しかし、藩により給地高改正が布告され、制限以上の高の所持禁止と実態の届出が命じられたのである。ほとんどの石高を売り払っていた西郷家では、400両の借金をして買い戻さなければならなかった。現在の通貨価値に換算すると1両は約10万円であり、莫大な借金を背負ったことになる。

父・吉兵衛死後も隆盛は借金返済に努め、完済できたのは参議を辞任した47歳のときだったといわれている。なお、隆盛は完済から4年後、西南戦争により51歳で自決した。

薩摩藩と長州藩の和解・薩長同盟の真実

薩長同盟のはじまりは単なる口約束だった!?

薩長反目から和解へ

坂本龍馬《さかもとりょうま》が西郷隆盛に会ってから2年あまり、政局は激しく動いていた。攘夷《じょうい》を藩論とする長州藩は、１８６４年、池田屋事件を契機に京都に攻めのぼったが、薩摩・会津《あいづ》両軍に敗れて退く（禁門の変）。これに対し幕府は、長州征伐の命を下し、列国もこれに加わった（四国連合艦隊下関砲撃事件）。これを受け、長州藩のリーダー・桂小五郎《かつらこごろう》（木戸孝允《きどたかよし》）は攘夷の不可能を悟る。

一方、薩英戦争で疲弊していた薩摩の新リーダー・西郷も、幕府の無益な征長戦の弊害を漏らしていたのだ。そんな西郷に藩内の志士たちは、当時土佐藩を脱藩していた中岡慎太郎《なかおかしんたろう》らを紹介。それまで薩摩の庇護下にあって江戸や大坂を奔走していた龍馬も加わり、薩長和解工作が動き出したのだ。

あくまで仲たがいしていた両藩の和解が目標だったはずが、龍馬が要路の人物と接触していく中で膨れ上がり、同盟が結ばれる。

手紙で龍馬に確認した桂

1866年1月21日、桂と西郷、そして龍馬が会して結ばれた薩長同盟。その仔細《しさい》は、桂が龍馬に宛てて送った私信という形で現在に伝えられる。つまり、同日に話された決め事はあくまで口約束であり、細心な桂が翌日、龍馬に宛てて内容の確認を依頼したのだ。

その内容は、幕府の長州征伐の勅許を念頭に置き、「開戦となったら薩摩藩は3000の兵で京坂地方を固める」「長州藩が勝利を収める形勢になったら、薩摩藩は朝廷に長州の赦免を働きかけ

西郷隆盛の言葉

総じて人は己に克《か》つをもって成り、自ら愛するをもって敗《やぶ》るるぞ。

他人との競争に勝つのではなく、自分自身に勝たなければ成功しない、という意味

る」「万一長州藩が敗色濃厚となっても、武器の調達と朝廷への工作を続ける」「幕府が戦いを仕掛けなかった場合でも、薩摩は朝廷へ長州藩の赦免を申請すること」と、全6条中4条が長州側の要求である。これは、桂が龍馬に確認を求めた文書であるがゆえと見るべきであろう。

結果として倒幕への軍事同盟へ

幕府と対立していた長州藩、開国進取に転じた薩摩藩、内憂外患の時代に両藩が結ぶ利を長い時間をかけて説いた龍馬。

長州藩と龍馬の強い願いが、当初の目的であった「和解」を通り越して拘束力の弱い「盟約」へとなった。そして幕府の第二次長州征伐を受けて具現化され、最終的に「同盟」になったのである。

実際に薩摩は、幕府の長州征伐の際に、3000の兵を出した。玉虫色だった「盟約」は明確な軍事同盟になり、この同盟が倒幕への原動力になっていったのである。

討幕を加速させる同盟の裏に隠された真実とは？

薩長同盟の交渉現場に龍馬は同席しなかった!?

不在説を裏付ける証言

幕末の世界で大きな勢力を持っていた長州藩と薩摩藩。「八月十八日の政変」で薩摩藩が長州藩を京都から追い出して以来、敵対関係にあった。討幕のためには、この両藩の同盟が必要不可欠と考えていた龍馬は、長州藩の桂《かつら》小《こ》五郎《ごろう》、薩摩藩の西郷隆盛らに手を結ばせる薩長同盟を築くのだが、この交渉現場には同席していなかったとされている。薩摩藩の家老の日記によれば、龍馬は同盟締結の説明を聞いて文書に裏書きをしただけというのだが、この説は、当事者である桂の記録や薩摩藩の動きの分析から否定されつつある。

やはり龍馬なしでは交渉不可能?

長州藩と薩摩藩はどちらも龍馬と通じていたが、藩同士の仲は最悪だった。桂と西郷の最初の会談の場では、西郷が直前になって現れないという事態も起きたくらいだ。1866年、龍馬不在で再び交渉が再開されたのち、数日後に龍馬が京都入りしたのだが、このときはまだ互いの意地とプライドのせいで、交渉すら始まっていなかったのである。

敵対していた藩同士なのだから、龍馬不在ではうまくいかないのも当然。桂は龍馬に詫びてから帰国するつもりだった。龍馬は西郷らに長州の苦しい立場と討幕への想いを熱く語り、西郷側から交渉を申し入れることを約束させた。そうして、1月21日。ようやく薩長同盟が成立するのである。

薩長同盟をめぐる 人物相関図

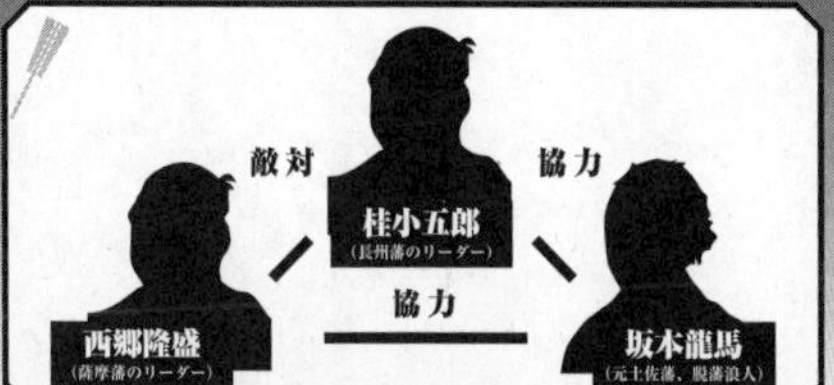

維新の立役者は、多くの名前と愛称を持っていた

〝西郷隆盛〟という名は実は本名ではなかった？

〝隆盛〟は父親の名前だった

『命もいらず、名もいらず、官位も金もいらぬ人は――』とは、よく取り上げられる、西郷隆盛の名言のひとつ。「自らの命や名前や地位にこだわるようでは、天下を治める大仕事はできない」という、いかにも豪傑らしい文言だ。

驚きの事実は、西郷がこのセリフを地で行く人物だったことである。すなわち、自身の名前にまったく頓着しなかったのだ。

その証拠に、歴史上に残る「隆盛」という名が、彼の本名では

ないという事実がある。同藩の友人による勘違いから、命名されたものなのだ。

事の起こりは明治2（1869）年。明治維新での活躍で、当時の官庁から位をいただくにあたり、手続きのために西郷の実名が求められた。しかし、本人は多忙でつかまらない。たまたま居合わせた西郷の同志・吉井友実《ともざね》が「隆盛だったと思う」と答えてしまったのだ。

実のところ、西郷の本名は「隆永《たかなが》」で、「隆盛」は父親の名前。後に間違いが判明したものの、「隆盛でよかよか！」と西郷は豪快に笑い飛ばしたとか。

いかにも大器らしいエピソードだが、この勘違い以降、西郷隆盛として歴史に名を刻むことになったのだ。

生涯で10もの名前を次々と!?

西郷にまつわる名前の余話はそれだけにとどまらない。実は生涯で10もの名前を持っていた。

幕末豆知識　最初に撮影された日本人は？

ペリー来航によって庶民に広まった文化のひとつが写真。藩としていち早く、銀板写真（ダゲレオタイプ）機材を入手し研究を始めたのが、薩摩藩藩主・島津斉彬だった。1857年、日本で最初に撮影された大名こそ、この斉彬。日本人が日本人を撮影して成功した、現存する最古で、日本唯一の銀板写真だ。斉彬は銀板写真のことを「印影鏡（いんえいきょう）」と呼び、百年後まで父母の姿を残す貴重な術と称賛したという元来、武士は幼名、通称、諱《いみな》（本名）という3つの名前を持つものだが、西郷に関してはそれ以外に7つもの名があった。ざっと読み上げてみると、次のようになる。

西郷小吉、西郷吉之助隆永、西郷善兵衛、西郷吉兵衛――ここまでは西郷の家名だが、以降は、菊池源吾、大島三右衛門、大島吉之助となって苗字まで変わってしまう。

それからふたたび西郷姓になり、吉之助、武雄と改名し、その後晩年まで、先の勘違いによる命名「西郷隆盛」として落ち着く。

蟄居《ちっきょ》や襲名、勘違いなど、改名の変遷に伴う理由はさまざまだが、西郷自身はやはり名前にこだわりがなかったのだろう。幕末維新の英雄は、常人とは器が違っていたようだ。

親しみを込めた愛称も数多く

2018年「NHK大河ドラマ」の主役になり、あらためて脚光を浴びた西郷隆盛は、番組タイトルの通り、郷土では、親しみを込めて〝西郷《せご》どん〟と呼ばれた。

「すべての民が幸せに暮らしてこそ日本国は強くなる」と信じ、

人を愛し、国を愛し……〝見返りを求めない愛〟を与え続けた男を、人は親しみを込めて〝せごどん〟と呼んだ、とNHKのホームページには記されている。このように、ドラマ化にあたっては、まだ誰も知らない西郷隆盛を素直に描きたいという、制作サイドの強い想いがあったそうだ。

周囲の人から愛された西郷には愛称も数多くあった。「吉之助《きちのすけ》さあ」と通称で呼ばれたほか、南洲翁《なんしゅうおう》、うーとん（薩摩弁で大きい目という意味）、うどさあ（薩摩弁で偉大な人という意味）など、敬意や尊敬を込めた愛称を持ち、当時の西郷の人徳をうかがい知ることができる。

ちなみに〝どん〟は鹿児島の方言で、〝○○さん〟にあたる言葉。偉大という意味も含まれている。

無私無欲で国のために尽力し、波瀾《はらん》に満ちた西郷隆盛の51年の生涯には、名前と愛称の数にふさわしい、まさに劇的なドラマが詰まっていたに違いない。

徳川ひと筋を貫いた新撰組局長の行方

近藤勇の首はどこに消えた⁉

胴体が葬られている場所は判明済み

1868年4月25日、官軍に捕縛された新撰組局長・近藤勇《こんどういさみ》は、中山道《なかせんどう》平尾《ひらお》一里塚《いちりづか》(現・東京都板橋区)の牛馬捨場《すてば》にて斬首される。斬られた首は京都に運ばれ晒《さら》し首となったのだが、その後、首がどこに消えたかは不明だという。ゆえに、近藤勇の墓と伝えられる場所が全国各地に存在しているというわけだ。

近藤勇の胴体が埋葬されている場所に関しては、ほぼ確実に判明している。その場所とは、東京都三鷹市の龍源寺《りゅうげんじ》にある近藤家の墓所。勇の養子・勇五郎《ゆうごろう》によれば、斬首を見届けたその夜、見張りの役人を買収して胴体を掘り起こし、この地に埋めたのだという。

徳川家ゆかりの地に埋められた?

では、肝心の首はどこに埋葬されているのだろうか。

もっともポピュラーなのが、東京都のJR板橋駅のごく近くにある墓所。新撰組の永倉新八《ながくらしんぱち》が建立したもので、近藤勇の命日には毎年、慰霊祭が行なわれている。だがこの場所はあくまでも慰霊碑であり、実際、遺体が埋葬されているかは不明なのだ。

また、あまり知られていないが、彼の首は愛知県岡崎《おかざき》市の法蔵寺《ほうぞうじ》に密葬されたという説もある。この寺は徳川の始祖・松平親氏《まつだいらちかうじ》が建立したものであり、近藤勇の首塚もあるのだ。過去に発掘作業が行なわれた際には、近藤の遺品と思われる品や同志の名が刻まれた石碑が出土したという。徳川家の関わりの深いこの地に埋められたのならば、彼も本望だろうが……。

日本各地に存在する近藤勇の首塚

円通寺(東京都荒川区)
近藤勇含め、幕府側の殉死した人々が供養されているという

天寧寺(福島県会津若松市)
土方歳三がたびたび参拝に来ていたという
近藤勇の墓がある

高国寺(山形県米沢市)
近藤勇の従兄弟・金太郎が近藤の首を秘密裏に埋葬したという

たったひとりの最終決戦

土方歳三は幕府軍の仲間に暗殺された!?

死に場所も遺体の行方も不明……

「たとひ身は 蝦夷《えぞ》の島根に 朽ちるとも
魂《たま》は東《あづま》の 君やまもらん」

新撰組副長・土方歳三《ひじかたとしぞう》が死を覚悟して詠んだというこの歌は、現実となってしまった。大政奉還後も新政府軍に対して徹底抗戦を続けた彼は、北海道・箱館の地で乱戦中、銃弾に倒れてこの世を去ったのである。

だが、実際、彼が倒れたとされる場所は確認されておらず、亡《なき》骸《がら》も行方不明になったまま。「土方は本当に敵の銃弾に倒れたのか？」という疑問とともに浮上してきたのが、なんと味方による暗殺説である。

徹底抗戦を掲げる土方は邪魔者に……

旧幕府軍の兵士たちはすでに戦意を喪失していた。というのも、戊辰戦争《ぼしんせんそう》で新政府軍の勢力が一気に拡大し、味方の軍艦が次々と座礁してしまったからである。その中でも土方だけは降伏することに頑強に反対し、徹底抗戦を掲げていたのだ。

だが、もはや旧幕府軍の敗北は目に見えていた。これ以上戦いを続けても犬死にするだけ。「降伏に反対する土方さえいなければ、無駄な戦争を終えることができる」と誰もが考えただろう。〝乱戦にまぎれて土方を暗殺する〟という計画が、仲間内で持ち上がってもおかしくない状況だったというわけである。土方が旧幕府軍の勝利と仲間を信じつつ策略を練っていた裏では、「土方暗殺計画」が着々と進行していたのかもしれない……。

大政奉還後 土方歳三の軌跡

其ノ一
1868年、戊辰戦争が勃発、新政府軍との銃撃戦に敗北する

其ノ二
旧幕府海軍と合流し、榎《えの》本武揚《もとたけあき》らとともに蝦夷地に入る

其ノ三
新政府軍の箱館総攻撃開始。乱戦中、銃弾に倒れ絶命

いよいよ幕末の動乱期へ突入！

ペリー来航で家慶はショック死!?

鎖国体制が崩壊

1853年、江戸湾入口に4隻の軍艦が黒い巨大な姿を現した。アメリカの司令長官ペリーである。太平の世に慣れていた人々にとって、異国の軍艦が突然、姿を現したことは大変なショックであった。幕府もその例外ではなかったが、実は事前にオランダを通じてペリーの来航の可能性を伝えられていたため、心構えはできていた。

しかし実際に来航されると、やはりその衝撃は大きく、たちまち幕府に当事者能力のないことが明らかになった。黒船が発砲しないことがわかると、民衆は幕府の禁令を破って黒船見物を楽しんだという。

気の弱かった将軍様

当時の将軍は12代家慶《いえよし》。政治には無関心で大変気が弱く、はっきりいって将軍の器《うつわ》ではなかった。ペリーが来航して幕閣が対応に追われる中、家慶は病に伏せ、国家の命運を左右する重大事を決定できる状態ではなくなっていた。そして家慶は老中首座の阿《あ》部《べ》正弘《まさひろ》にすべて任せ、そのまま帰らぬ人となってしまう。1年後の再来航を告げてペリーが去った後、わずか10日後のことだった。家慶は動乱の時代を生き抜くだけの強い精神力を持ち合わせていなかったのである。

翌年、幕府はアメリカと和親条約を結ぶ。鎖国体制はこうして崩れ、日本はいよいよ幕末の動乱期に突入するのである。

プレゼントがきっかけで不平等条約締結!?

鎖国を解かせたのはペリーのプレゼント!?

鎖国政策を打ち破った外交戦術

江戸時代、２００年以上にもわたって鎖国を貫いた日本。その鎖国を1年もかからずに見事に打ち破ったのは、ペリー提督《ていとく》による巧みな外交戦術だった。ペリー提督は、開国要求の答えを聞くために１８５４年に再来日。その際、彼らは日本人の興味を引くように、さまざまな贈り物を用意していたのだ。

それらが日本人の手に渡ったのは、ペリー提督と幕府との交渉の間に成立の目鼻がつきはじめたときのこと。ペリー提督らは記念として電信機械をはじめ時計や望遠鏡、農器具などを日本側にプレゼントした。それを手にした日本人は、初めての西洋文化に大興奮！　さらに幕府の役人を船上に招いてフランス料理をもてなし、ナイフとフォークを用意してテーブルマナーを教えるなどして日本人を喜ばせていたのだ。

しかし、これは日米和親条約を締結するためにペリー提督が仕組んだ作戦の序章だったのだ……！

初めての西洋文化に日本人は……

長い間鎖国し続けてきた日本の人々が、西洋の文物《ぶんぶつ》、文化に興味を持たないわけがない。彼らはすぐさま新しい文化に喰いつき、答礼品《とうれいひん》として絹や漆塗《うるしぬ》りの机、花瓶までも贈っている。ペリー提督はこの作戦を交渉成立間近に用いることで、条約締結に向けてラストスパート！　結果、これまでかたくなに開国要求を拒否し続けてきた日本から開国だけでなく、不平等条約までも取りつけることに成功したのである。

日本に黒船がやってきた！

其ノ一
1853年6月3日江戸湾浦賀に来航。江戸はパニック状態に

▶

其ノ二
開国要求の返答に、日本は1年の猶予をもらう。だが半年後、黒船再来日

▶

其ノ三
ペリー提督による〝プレゼント作戦〟がはじまる。日米和親条約を締結

討幕のために、無力な一般町民を襲っていた？

江戸城開城の大成者・西郷隆盛、テロ集団のリーダーだった？

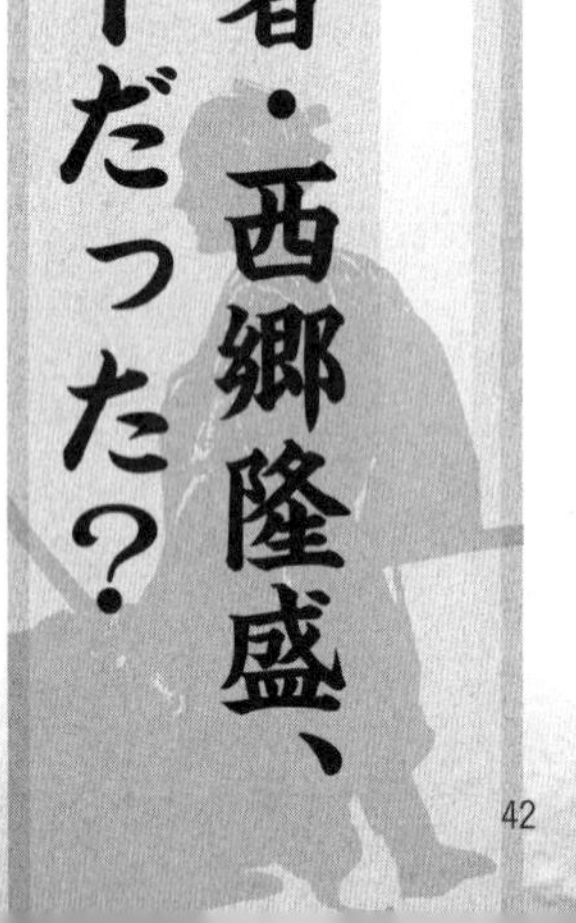

幕末に生まれた無差別強盗集団

「我々は尊王攘夷の志士である。攘夷を決行するためには軍資金が必要だ」。このように、攘夷を大義名分に江戸の豪家相手に恐喝を繰り返していたのが、「薩摩御用盗」と呼ばれる組織だ。

ほかにも放火、婦女誘拐、暴行、略奪……無辜《むこ》の一般町民相手に悪事の限りを働いていた。あたかも、江戸の治安をさらに悪化させるために生まれたとしか思われない集団だ。

これを指揮していたのが、西郷隆盛といわれているのだ。

狙いは討幕の口実作り？

やがて彼らの狼藉《ろうぜき》に憤った幕臣が、薩摩藩邸に火を放つという事態に。これが1867年12月の「薩摩藩邸焼き討ち事件」だ。この事件を契機に「鳥羽・伏見の戦い」が勃発する。

だが、これこそ薩摩御用盗の真の狙いだったのだ。武力でもって討幕を目指す薩摩藩が、あえて江戸にカオスを作り出し、幕府のほうから薩摩討伐に踏み切らせて武力抗争に引き込む。

実際のところ、西郷が命令を下したのではなく、むしろ自重するよう呼びかけたものの、血の気の多い浪士が暴発したのだともいわれている。

人望が厚く、江戸城の無血開城を成し遂げたと評される英雄・西郷隆盛。その一方では、このようなテロリスト集団のリーダーだったとも囁かれている。果たして、英雄、権謀術数者のどちらが真の姿なのだろうか？

『お〜い！　竜馬』の描写は本当か？

謎の空白時期に龍馬は密航で上海へ!?

密旨を受けて上海渡航か？

アニメ化もされた漫画『お〜い！　竜馬』では、脱藩後に坂本龍馬は上海《シャンハイ》に行ったという設定になっている。しかし、現在確認されている龍馬自筆の手紙などでは、そのことに直接触れているものなどはなく、史料的な裏付けはされていない。長府《ちょうふ》藩（長州藩の支藩）が明治に作成した史料の中でのみ確認できるのだ。

興味深い記述があるのは、「旧臣列伝」中の同藩藩士「福原和勝」の項目だ。そこには１８６７年「藩主（毛利《もうり》元周《もとちか》）の密旨を受け、土佐の坂本龍馬と共に清国上海に渡航し、外国の情況を探討す」とある。

上海で植民地の悲惨さを知る

しかし本当にこの時期に上海に渡ることができたのだろうか？1867年で龍馬の行動に空白があるのは、4月1日から4月中旬までの病気療養をしていたとされる期間。その頃は、亀山社中から海援隊への移行時期にあたる。2度目の脱藩罪が許された頃だから、時期的には符合している。

実際、維新に活躍した人の中には、上海渡航を経験した者は数名いる。1862年には長州藩の高杉晋作《たかすぎしんさく》や薩摩藩士・五代友厚《ごだいともあつ》が渡り、アヘン戦争後、列強の植民地となった敗戦国のみじめさを痛感している。龍馬もそうした中のひとりだった可能性はある。

密航だから確かな記録は残らなくてもおかしくない。それらの点から、上海渡航説は十分現実的な説だろう。

知っておきたい人物　**高杉晋作**

長州藩士。吉田松陰の松下村塾に入り、1862年には藩命で、上海へ渡航。清国の植民地化や太平天国の乱を目撃し、衝撃を受ける。その後、尊攘運動に加わり、大政奉還を目前に病死する

もし馬鹿なら大きな馬鹿で、利口なら大きな利口だろう

龍馬は西郷隆盛を馬鹿だと思っていた？

西郷隆盛との運命の出会い

維新の雄・西郷隆盛と坂本龍馬との出会いは、薩長同盟から遡ること2年前の、1864年頃だといわれる。当時、龍馬が慕っていた幕臣の勝海舟《かつかいしゅう》は、この頃、神戸海軍操練所の軍艦奉行を務めていた。しかし、独自の海軍構想を練っていた勝は、幕府にその職を罷免《ひめん》されてしまう。幕府から帰府を命ぜられる前に、勝と西郷が初めて会ったのも、互いにさまざまな思惑あってのことだろう。神戸港の開港延期を案ずる西郷に、勝は策を授けたといわ

れる。その後、勝はしきりに西郷について語った。ならばと龍馬も勝の紹介状を手に西郷の下を訪れる。坂崎紫瀾《さかざきしらん》の「維新土佐勤《いしんとさきん》王史《のうし》」によると、龍馬は西郷について、「西郷は馬鹿である。しかし其《そ》の馬鹿の幅がどれ程大きいか分からない。小さく叩《たた》けば小さく鳴り、大きく叩《たた》けば大きく鳴る」と評している。

饒舌な龍馬、無口な西郷

龍馬と西郷との間で、どのような会話がなされたかについては諸説あるが、饒舌《じょうぜつ》、飄々《ひょうひょう》とした龍馬を評して西郷は、「度量の大、龍馬のごときもの、いまだかつて之《これ》を見ず。龍馬の度量や到底測るべからず」と述べたという。

龍馬も西郷を「馬鹿なら大きな馬鹿、利口なら大きな利口」と評しており、互いに腹に一物ありと見て取ったのだ。西郷との出会いで、龍馬はさらなる飛躍を遂げることとなる。

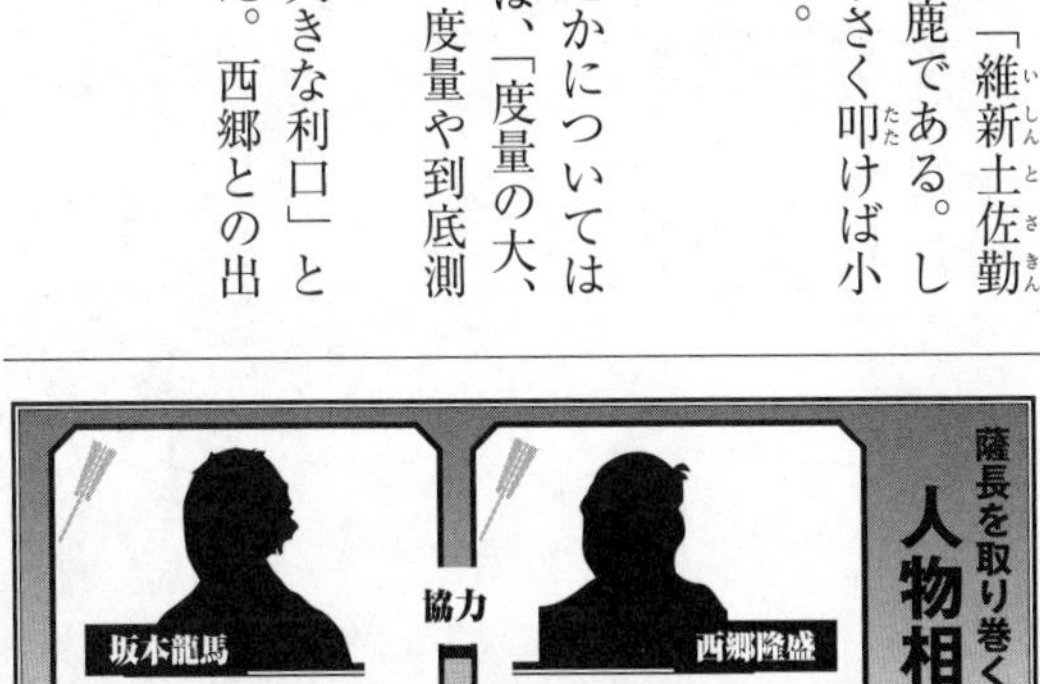
人物相関図
「度量や到底測るべからず」と述べ、龍馬を大人物と評する
「馬鹿なら大きな馬鹿」と評し、西郷の腹に一物ありと感じとる

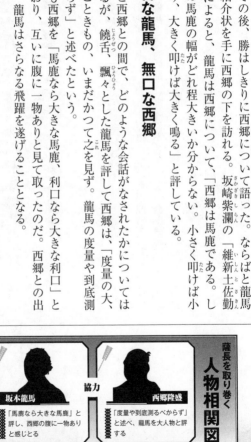

襲撃された直後に龍馬と中岡が交わした短い会話とは？

死を覚悟した龍馬は盟友を気遣った！

中岡慎太郎が語った事実とは？

全身に20ヵ所以上といわれる刀傷を受けた中岡慎太郎だが、頭を斬られた龍馬とは対照的に即死に至るような致命傷は受けず、同志に見守られながら息を引き取ったのは襲撃の翌々日だった。この間に、中岡が多くのことを語り残したとされているが、傷の状況や出血の具合などから考えても、それほど詳細に語ることができたとは考えにくい。

のちに、さまざまな人物によって語られた中岡の〝遺言〟は、彼らなりの解釈や願望が多分に含まれたものだと考えたほうがよさそうだ。ただ、襲撃の様子に関しては、中岡以外の人物が知る由もないわけで、おそらくはそれが中岡の語り残した唯一の事実だったのだろう。

龍馬が殺される、生々しい一瞬

中岡と龍馬は近江《おうみ》屋母屋《おもや》の2階で火鉢を囲んで語り合っていた。やがて、「腹が減ったので軍鶏《しゃも》でも食おう」ということになり、菊屋《きくや》峰吉《みねきち》を使いに出した。しばらくして、「十《と》津川《つがわ》の者」と名乗る3人の男が手札を持ってやってきた。下僕の山田《やまだ》藤吉《とうきち》がそれを取り次いで2階に上がると、男たちは山田を背後から斬り倒し、龍馬と中岡がいる奥座敷に飛び込んだ。時刻にして午後8時頃のことであった。ひとりが中岡に襲いかかったので短刀で受けるが、勢いに押されて頭を斬りつけられた。とっさに相手の足元に飛び込んだが、そこへまたいくつもの太刀を浴びせられた。

一方の龍馬は、肩から首にかけて一太刀を入れられた。立ち上

龍馬×中岡コンビのトリビア

仲良く並んで眠る

維新を見届けることなく散った龍馬と中岡。京都市東山区・京都霊山護国神社にふたりの墓は並んで建てられている。右が中岡、左が龍馬の墓。同神社には、高杉晋作や桂小五郎など多くの幕末の志士たちが眠っている

がって床の間にある刀を取り、応戦しようとしたが、頭を横なぎに斬られてしまい、その場に崩れ落ちた。刺客《しかく》は「もうよし」といい、立ち去ったという。

刺客の「こなくそ」は嘘だった?

倒れた龍馬は、「自分は脳を斬られたので間もなく死ぬ」と言い、中岡に「どこを斬られたのか?」と問いかけた。中岡が「あちらこちらを斬られた」と答えると、「それでは動けないか?」と聞いてきた。中岡が「大丈夫だ」と答えたが、龍馬はそのまま死亡したという。

刺客が龍馬に斬りつける際、「こなくそ」と言い放ったという有名な話があるが、実は中岡の証言にこの言葉は登場していない。また、刺客が龍馬に斬りかかるまでのエピソードは何通りも語られているが、これらは龍馬の死後にさまざまな推測から都合よく付け足されたものだろう。中岡には襲撃の一瞬の様子を語り残すのが精一杯だったに違いない。

全身に残る34ヵ所の刀傷が示す、龍馬の最期の姿とは？

龍馬の遺体には34ヵ所の傷があった!?

龍馬暗殺の張本人は!?

龍馬は「頭部を斬られて絶命した」といわれているが、遺体には全身に、計34ヵ所の傷があったと検分されている。「龍馬を斬った男」として、元京都《きょうと》見廻組《みまわりぐみ》の今井信郎《いまいのぶお》は「最初横鬢《よこびん》をひとつたたいておいて、身体をすくめる拍子に横に左の腹を斬って、それから踏み込んで右からまたひとつ腹を斬りました」と、たった三太刀で龍馬を仕留めたと語っているが、これは明らかに遺体の状況と異なる。井口新助《いぐちしんすけ》も、今井のこの談話に反発。「龍馬が頭部を斬られたことは間違いないが、腹に傷はなく、ノドを2度攻撃されたことがとどめとなった」と息子・新之助に反論されているのだが、これもまた事実ではない。

〝メッタ切り〟だと恰好悪い!?

井口が主張するように、ノドを2回にわたって斬られていたとしたら、龍馬がうめき声を上げられるはずがないのだ。帯刀していなかった龍馬は一太刀目を浴びたあと、刀を取ろうとし、そこを背後から斬られ、振り向きざまにもう一度頭部への攻撃を受け絶命したと京都霊山《りょうぜん》護国神社は説明しているが、これも刀傷の数が合わない。当時の室内の状況を考えると、明かりとして利用していた行燈《あんどん》は火災防止のためにすぐ消されたか、風を受けて消えたと考えるのが自然で、彼らは暗闇に近い状態で闇雲に刀を振り回した可能性が高い。となれば必要以上の刀傷がついて当たり前だが、メッタ斬りとあっては恰好《かっこう》がつかないと思ったのかもしれない。

知っておきたい人物

今井信郎

幕府講武所の剣術師範代を務めたあと、京都見廻組に参加。衝鋒隊《しょうほうたい》の副隊長として戊辰戦争に参加し箱館で降伏する。のちに、近江屋事件で龍馬を殺した犯人は自分であると証言した

船中八策の原点を作った横井小楠とは？

船中八策を龍馬より先に唱えた人物がいた！

勝海舟と横井小楠により目を開かれる

もともと坂本龍馬は、ごく一般的な尊王攘夷《そんのうじょうい》思想を抱いていたにすぎなかった。それが熊本藩士の横井小楠《よこいしょうなん》と出会い、目を見開かされることになる。

龍馬の師・勝海舟《かつかいしゅう》は西郷隆盛と横井の名を挙げて、「おれは今までに天下で恐ろしいものを2人みた」と言い残している。

勝と横井の交流は深く、実際に龍馬は勝の使者として横井を何度も訪ねている。そこで、龍馬は横井に大きく影響を受けたのである。

船中八策の原点、国是七条とは？

熊本藩士にして越前《えちぜん》藩主・松平慶永《まつだいらよしなが》に招かれ、政治顧問になった横井は1860年「国是《こくぜ》三論」を著し、諸外国の侵略に備えて海軍の振興による強兵、開国に伴う対外貿易による富国などを唱えている。また、1862年にはさらに前進した「国是七条」を建白している。「国是七条」はその冒頭で、将軍が上洛して朝廷に無礼を詫《わ》び、尊王の姿勢を明確にせよ、とある。そして参勤交代の中止と、諸侯の妻子の帰国を求めている。これは幕府の権威を否定しているといってよいだろう。さらに、人材の発掘登用と彼らによる公議政治の実現を述べ、海軍の振興と国際貿易の必要性を説いている。その上で、徳川家を含む諸藩連合による新国家体制樹立を主張しているのだ。これは船中八策および大政奉還に限りなく近い。まさに船中八策の原点といってよいだろう。

知っておきたい人物

横井小楠

熊本藩士。私塾「四時軒《しじけん》」を開き、龍馬をはじめ、志士たちの多くが訪問。幕府の政事総裁職・松平慶永の政治顧問として、幕政改革にも関わる。1869年、十津川郷士らにより暗殺された

西郷は極力争いを避けて話し合いの道を探っていた

「朝鮮を攻めるべし！」西郷隆盛は征韓論者じゃない？

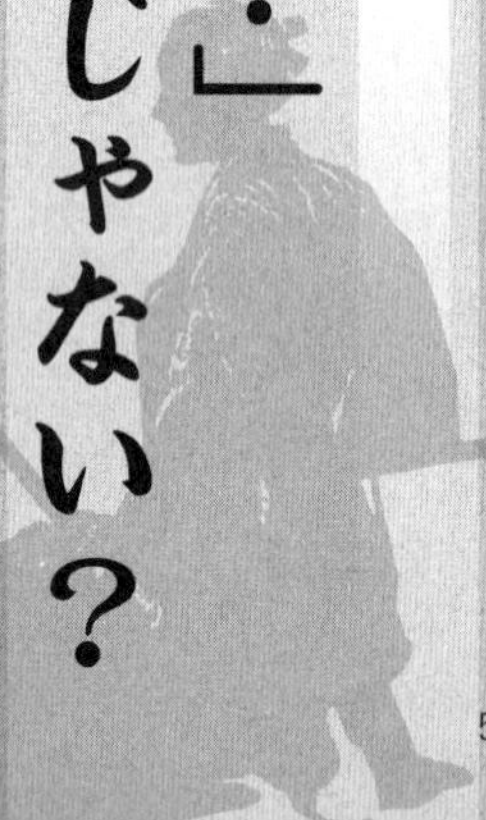

武力をもって朝鮮を開国させよ

明治初期に政府内で唱えられた征韓論。当時の政府は維新前後から朝鮮と国交を開こうとしていたものの、朝鮮は急激な欧化路線を突き進んでいた日本を敵視して、鎖国政策を採っていた。日本との国交交渉を拒否する排外的な朝鮮に対して、これを武力で打破して国交を開くべし、という強硬な主張が征韓論である。

教科書でも取り上げられているので、征韓論自体を知っている人も多いはずだ。そこでは、西郷隆盛と板垣退助《いたがきたいすけ》らが征韓論を唱えたものの、大久保利通《おおくぼとしみち》らが反対して征韓論は実現せず、征韓派は下野したと解説されていることだろう。

それ自体は大筋では間違っていないものの、西郷の立場は実際にはもう少し複雑なものだった。

西郷の主張はあくまで交渉

大久保らの国内改革を優先する「内治主義」に対して、不平士族の不満をそらす意味もあって、朝鮮への武力行使を考えたのが、「外征主義」の征韓論者たちで、その中心にいたのが西郷と考えられることが多い。

だが、そもそも西郷は平和主義者なのだ。対話を望み、戦いを極力避ける西郷だからこそ、江戸城も無血開城されたといえる。

征韓論者の中でも、板垣などは派兵を主張したが、西郷は「それでは侵略と誤解される」と抑え、自らが正式な使節として交渉のため朝鮮を訪れると主張した。もし、自分の身に何かあった場合、それを口実に出兵すればよいと急進派を説得したのだった。

征韓論をめぐる争い

賛成派	VS	反対派
・西郷隆盛		・大久保利通
・板垣退助		・木戸孝允
・江藤新平		・岩倉具視
・後藤象二郎		
・副島種臣		

西郷は政府から追放されたのか？

だが、征韓が実現することはなかった。

当時の外務卿の副島種臣《そえじまたねおみ》も同意し、１８７３年８月17日の閣議で西郷の朝鮮派遣が決定した。

一方、岩倉使節団の一員としてアメリカやヨーロッパを訪問し、工業と貿易で栄える近代国家を目の当たりにして、日本の近代化の必要性を痛感した大久保が同年５月に帰国していた。大久保は朝鮮との対立や戦争につながる征韓論に断固反対し、西郷の朝鮮派遣にも反対した。西郷は朝鮮に渡ることを強く主張して、両者は激しく対立する。

結局、岩倉使節団の岩倉具視《いわくらともみ》の意見を明治天皇が採用し、西郷の大使としての派遣は却下された。

これを不満に思った西郷や板垣、副島、江藤新平《えとうしんぺい》、後藤象二郎《ごとうしょうじろう》ら征韓派は一斉に下野する。これが「明治六年の政変」である。

内治派との争いに敗れて野に下った西郷だが、陸軍大将の辞任は受理されなかった（参議と近衛都督の辞任は受理されていた）。

激しく争った大久保からも制止されたのに、それを振り切って故郷の鹿児島に戻ったのだ。

実は以前から引退を希望していた

西郷が望めば政府に残ることも可能だったのに、自ら政府を去ったわけだ。西郷の下野の理由として、政争の敗北だけでなく、心身をすり減らして悪化していた体調を指摘する声もある。事実、大久保が帰国した時点ですでに西郷は、太政大臣の三条実美《さんじょうさねとみ》に政界を引退して鹿児島に帰りたいと申し出ていた。

しかし、帰国したばかりで日本の現状を掴み切れていない大久保は、西郷が政府に留まることを望み、勝海舟らの説得もあって、西郷は残留を決意する。

その結果、皮肉なことに西郷は外交問題にのめり込んで大久保の政敵となる。そして、明治六年の政変の末、日本における最後の内戦となる西南戦争を引き起こしてしまったのである。

西郷がこもった城山から、鹿児島市の街並みと桜島を見下ろす

政治的立場は違えども、幼い頃からの友情は不滅？

盟友・大久保利通と西郷隆盛は最後まで不仲だった？

幼き頃からの良き友人でライバル

西郷隆盛は明治政府を離れ、西南戦争を起こして敗北し、自刃している。その発端には、大久保利通らとの政争での敗北がある。政敵である西郷と大久保だが、その交遊は古くからのものだった。ともに同じ町内に住む薩摩藩士の子どもであり、西郷は2歳年下の大久保と一緒に学んでいた。

薩摩藩には藩士の子弟のための学校はなく、区域ごとに6～15歳ぐらいの藩士の子どもが集まり、互いに協力し合いながら自ら学び鍛錬していた。これを「郷中《ごじゅう》教育」と呼ぶが、教師が生徒たちに教える通常の教育よりも、子どもたち同士の結びつきが強くなることは容易に想像できる。

考えの違いから歩む道が分かれ……

西郷と大久保は20歳前後から一気に親しくなり、毎日のように会い、夜遅くまで語り合った。この頃、大久保の父と大久保自身がお家騒動で罷免されて、貧しい生活を強いられた大久保が西郷の家で世話になるということもあったのだ。

そんな両者だったが、朝鮮との国交について西郷は征韓論を、大久保は内治優先を唱え、ふたりは違う道を歩むこととなる。そして、最後まで、たもとを分かつことになってしまう。

だが、ふたりの友情は完全に終わっていなかった。前項でも触れたとおり、大久保は帰郷する西郷を止めようとし、西南戦争の際には自分なら西郷を説得できると考え、鹿児島に赴こうとしていたのだ（これは結局、伊藤博文に反対されて実現していない）。

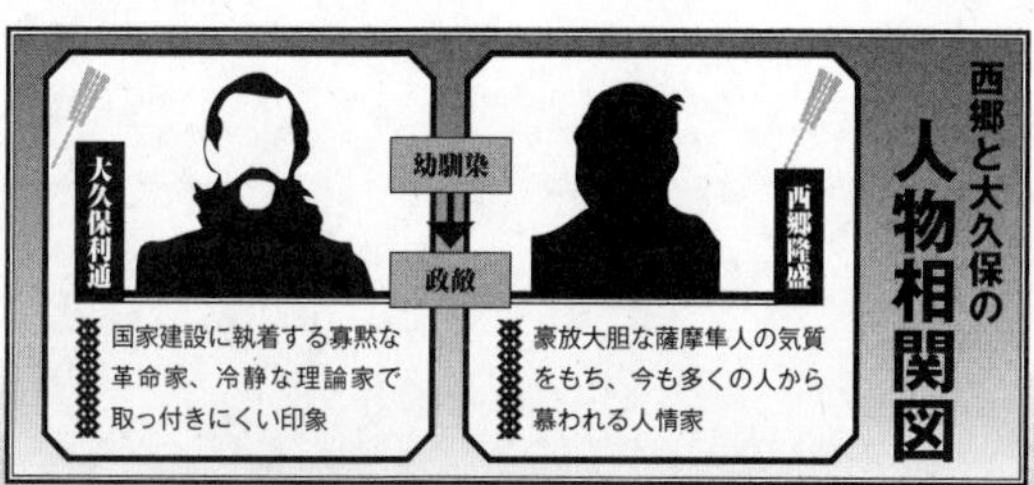
西郷と大久保の人物相関図
西郷隆盛
大久保利通
幼馴染
政敵
豪放大胆な薩摩隼人の気質をもち、今も多くの人から慕われる人情家
国家建設に執着する寡黙な革命家、冷静な理論家で取っ付きにくい印象

西郷からの手紙を肌身離さず……

1877年の西南戦争で政府軍を指揮した大久保は、同年8〜11月には第1回内国勧業博覧会を開いている。盟友・西郷と決裂してまで進めた大久保の近代化政策のひとつの象徴だが、大久保は第2回を見ることはなかった。1878年に不平士族によって暗殺されてしまったのだ。いわゆる「紀尾井坂の変」である。

襲われた際、大久保はある物を持っていた。それは西郷からの2通の手紙だった。

手紙の一通は1868年のもので、「鳥羽伏見の戦いを外国人が悪いものとして本国に伝えないように、王政復古の趣意を彼らに説明してほしい」と西郷が大久保に伝えたもの。もう一通は1872年のもので、大久保がサンフランシスコで撮った自分の写真を西郷に送ったことに対する返信だった。大久保を「醜体」とからかう冗談まじりのもので、ふたりの遠慮をする必要がなかった間柄がうかがえる。そんな手紙を大事に持っていたことこそ、大久保の西郷への変わらぬ友情の証といえるだろう。

フィクサー岩倉具視の権謀術数《けんぼうじゅっすう》

「討幕の密勅」はニセモノだった!?

討幕の密勅に見られる疑問点

「討幕の密勅」は1867年10月13日に薩摩藩、14日には長州藩へ下された。内容は「賊臣・慶喜《よしのぶ》を討伐せよ」というもの。いずれも中山忠能《なかやまただやす》、正親町三条実愛《おおぎまちさんじょうさねなる》、中御門経之《なかみかどつねゆき》の3名の署名があった。

しかし、この密勅にはいくつかの疑問点がある。

まず密勅の渡し方。薩長それぞれの藩士である大久保利通《おおくぼとしみち》と広《ひろ》沢兵助《さわひょうすけ》が正親町三条の屋敷を訪れ、そこで直接手渡されているのだが、この形式は極めて異例。たとえ密勅とはいえ詔書が一公家《くげ》の私邸で渡されることは、普通あり得ないという。

偽勅を支持した人物は誰なのか!?

疑問点はまだある。この密勅には天皇の直筆はおろか、勅旨伝宣の奏者として連名している中山忠能らの花押《かおう》（署名の下に書かれる記号）も添えられていないのだ。通常、花押は本人が書くのが当然で、それがないのは明らかに不自然。しかも、3名の署名の筆跡はまったく同じだという。

これらの疑問点から、この密勅は宮中の倒幕急進派が天皇の許可を得ることなく「討幕の密勅」を起草し、両藩に渡したものだと考えられる。

そしてこの偽勅《ぎちょく》を支持した人物こそ、かの岩倉具視《いわくらともみ》だ。岩倉は当時、薩摩藩士・西郷隆盛と結び武力による政権奪取を唱えていた倒幕派の中心人物。強引な手を使ってでも慶喜を討とうとした……と考えるのは、決して突飛ではない。

「討幕の密勅」偽勅の疑惑

其ノ一
明治天皇または摂政の署名がない

其ノ二
署名した3名の「花押」が書かれていない

其ノ三
密勅が一公家の私邸で直接、手渡されている

逃げ込んだ長州藩に利用された志士たち

脱藩後の中岡慎太郎は長州のスパイだった!?

長州藩へ集まる尊王攘夷派

1863年「八月十八日の政変」以降、全国の諸大名が自藩の尊王攘夷志士を弾圧し始めたのに対し、長州藩だけは尊王攘夷《そんのうじょうい》を唱え続けた。そのため、自藩を追われた志士たちは長州藩を目指すこととなった。

中岡慎太郎もそのひとり。彼は土佐藩を脱藩し、長州藩に逃れてきた。すると中岡を受け入れた長州藩は、彼を京都などの各地に情勢探索、つまりはスパイ活動をさせるために潜伏させたのである。

中岡はまず、1864年1月に京都へ渡る。そこで高杉晋作と出会い、島津《しまづ》久光《ひさみつ》暗殺を画策するが果たせずに5月に長州藩へ帰藩。そして6月にふたたび京都へ戻る。7月に入ると「禁門の変」が起こり、彼は脱藩志士らのまとめ役となって戦うが、敗れてまたも長州藩へ。8月にもまた京都へ向かい、10月に帰藩。すぐさま今度は鳥取へ出発し、11月にまた戻ってきた。中岡は行ったり来たりの繰り返しで休む暇もなし。

スパイ・中岡慎太郎は大忙し！

このように過酷な任務を強いられた中岡だが、自藩を抜け出し脱藩罪に問われている彼にとっては、罪が許されるまでの期間は自身を庇護してくれる長州藩に対して何もいえなかったのである。中岡だけではない。長州に逃げ込んだほかの浪人たちも同様だった。長州が他藩の尊王攘夷派を受け入れた狙いは、彼らの立場や心理をうまく利用し、スパイ活動を行なわせることにあったと考えるのが自然なようだ。

中岡慎太郎の言葉

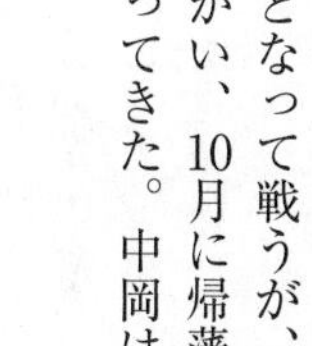

涙を抱えて沈黙すべし

捕らえられて処刑された故郷の同志を想い、中岡が土佐藩に残る友に宛てた手紙に書かれていた言葉。なんとも男らしいセリフだ

実は死んでいなかった維新三傑のひとり

西郷隆盛は西南戦争後ロシアで生きていた？

隆盛像のモデルは別人だった！

東京・上野公園の西郷隆盛像を見た夫人の糸子さんは「宿んし（うちの人）はこげんなお人じゃなかったこてえ」と驚いたという。それもそのはず、隆盛像のモデルとなった肖像画は西郷本人ではないのだ。

これは西郷の死後に描かれたもので、〝弟・従道《つぐみち》の目元〟と〝従弟《いとこ》・大山巌《おおやまいわお》の顔つき〟をモデルにしたという。

残念ながら西郷の肖像画はもとより、彼の写真は一枚も残っていない。当時は写真機が存在しており、幕末の偉人たちはその姿を写真に残しているのだが……。

維新後、明治天皇から自らの御真影《ごしんえい》と引き換えに、写真を送るよう所望されたときでさえ、彼はこれを拒否したという。なぜ、彼は自分の姿が世間の目に触れることをかたくなに拒んだのだろうか？

西郷家は隠密を生業にしていた！

西郷家はもともと隠密《おんみつ》を生業《なりわい》とする家系で、彼の父・吉兵衛《きちべえ》は島津斉彬《なりあきら》の重臣である赤山靫負《あかやまゆきえ》の御用達《ごようたし》として情報収集を行なっていたという。

そして彼も江戸にいた頃「お庭方」という職に就いており、情報収集や工作を任務として他藩の動向を探っていた。その仕事がら、西郷は自分の容貌や特徴が知られることを避けていたのかもしれない。

西郷はロシアに渡っていた？

そんな西郷にまつわる最大のミステリーが、西郷が死んだとされる西南戦争の「後」にある。なんと西郷は死んでおらず、ロシアに渡って生き延びていたというのだ。1891年、シベリア鉄道視察の後に来日することが決まっていたロシアの皇太子ニコライと一緒に、実は生きていた西郷隆盛が帰国するという噂《うわさ》が流れた。西郷の目的は、「日本の政界を粛清する」こと。この噂を受けて明治天皇も冗談まじりではあるが「それが事実なら西南戦争の論功行賞を取り消さなければならない」と述べたほどで、当時はちょっとした騒ぎとなっている。そしてこの噂がひとつの大事件を起こす。西郷復権を恐れた巡査・津田三蔵《つださんぞう》が、来日した皇太子ニコライを暗殺しようとしたのだ（大津事件）。津田は西郷が復権すると与えられた勲章を取り上げられると考え、事件を起こしたという。西郷がロシアに渡っていたという証拠は存在しない。だが、生存説ひとつで事件が起きるほどの影響力は、彼が唯一無二の存在であった証《あかし》だろう。

男の中の男というイメージは虚像!?

英雄・西郷隆盛には男色趣味があった!?

西郷隆盛は美少年が大好物!?

戦国武将に男色趣味が多かったという話はよく耳にするが、幕末期のあの人物も男に強い興味を示していたという。太いまゆ毛にギョロリとした大きな目、大柄な体格に足にはゲタ……そう、西郷隆盛である。

西郷は山《やま》田《だ》顕義《あきよし》という男にゾッコンだった。山田は明治政府で初代司法大臣にまでなった人物。西郷はひと目で彼の容貌に惚れ込んでしまったというから驚きだ。いわばひと目惚れである。西郷は山田の手を取り「君は実にヨカ美少年なり」と言ったとか。

また、西郷は龍馬の一族である坂本源三郎にも惚れていた。源三郎は「水もしたたる源三郎」といわれるほど周囲では評判の美少年。西郷は、そんな源三郎を大いに気に入り、「連れて帰って武士に取り立てたい」と訴え続けていたという。

同性愛の末に心中未遂事件まで？

西郷はまだ吉之助《きちのすけ》と名乗っていた頃、幕府に追われて京都から逃れてきた僧侶・月照《げっしょう》とともに海に身を投げるという心中未遂を起こしている。ふたりはそのとき抱き合った状態で海に飛び込んだとされ、そのため西郷と月照の間にも〝禁断の関係〟があったのではないかといわれているのだ。

西郷隆盛という、なんとも男らしい姿が印象的な人物にそんな趣味があったとは、想像しづらい。だが、西郷は戦国武将のような男色趣味を堂々と周囲にひけらかしていたのである。


西郷隆盛の〝オトコ関係〟

人物相関図

山田顕義
明治政府初代司法大臣。かなりの美貌の持ち主と評判。24歳で西郷と出会う
衆道
西郷隆盛
山田の美貌にひと目惚れ。山田に限らず、かなりの美少年好きとして知られる

豪傑そのものなのに、お酒が一滴も飲めない？

西郷隆盛が下戸という話は実はでっちあげ？

あの体格は、いかにも大酒飲み？

鹿児島県といえば芋焼酎、お酒好きの県民が多いというイメージが強い。鹿児島の生んだ英傑・西郷隆盛は、身長約180センチで体重100キロ超えという大柄で、いかにも酒豪と思うかもしれないが、下戸《げこ》だったというのが通説だ。

しかし、お酒に関する記述がいくつか残されている。たとえば、奄美大島に流されたとき、大久保利通への手紙に次のようなことが記されている。大老・井《い》伊《い》直弼《なおすけ》が暗殺された日から、ちょうど

1年目に「朝から晩までお酒を飲んで酔っ払っている」と。

また、鹿児島県にある村尾酒造は、かつて近くに薩摩藩の武士が休むためのお茶屋敷があり、隆盛もよく訪れていたというのだ。それにちなみ、お酒のひとつに「薩摩茶屋」と命名している。

下戸は、体質的にお酒を一切受け付けない人という意味。西郷の場合は少なくとも、付き合い程度にたしなむ人だったようだ。

お酒よりもスイーツがお好き?

西郷はお酒には弱いが、大食漢の甘党として知られている。好物はトンコツ、カステラなど。トンコツは豚肉と黒糖を使った鹿児島の郷土料理のこと。まだ肉食がタブー視されていた幕末だが、薩摩では豚やイノシシが食べられていた。

カステラは、政府要人と会う際には必ずお茶菓子として出していたという。利通と仲違《たが》いした後も、訪問時に出されたカステラを持ち帰ったという逸話があるくらい。痩せた人が多いあの時代に珍しいメタボ体型だったのも、うなづけるエピソードだ。

時代を先取りした吉田松陰という男の教え

松陰の松下村塾はゆとり教育型だった

志が高ければ誰でも入門可能！

高杉晋作、久坂玄瑞《くさかげんずい》、伊藤博文《いとうひろぶみ》、そして山縣有朋《やまがたありとも》……。幕末から明治にかけて日本の行く末を担った面々だが、彼らはみな吉田《よしだ》松陰《しょういん》主宰の松下村塾《しょうかそんじゅく》出身者である。

松下村塾は、松陰の叔父である玉木文之進《たまきぶんのしん》が長州藩の萩松本村《はぎまつもとむら》に設立した私塾で、松陰自身もここで学んだ。後に塾頭になった松陰は、武士や町民などの身分の隔てなく生徒を受け入れたという。「長門《ながと》の国は僻地《へきち》であるが、ここを世界の中心と思って励めば日本を動かすことができる」が信念である。

詰め込み型ではなくゆとり方式

近所の青二才をあれほど立派に育て上げたのだから、さぞかし厳しい詰め込み教育が行なわれていたのだろう……と思いきや、それとはまったくの逆。門下生の発想や自主性を大事にする教えだった。

目下の門下生に対しても丁寧な物腰で接し、一方的に教えるのではなく意見を交わし合うのが松下村塾のスタイル。入門希望者が訪ねたときには「自分もまだ、学んでいる身。教えることはできないがともに勉強しよう」という言葉をかけたとか。

1859年、松陰は「安政《あんせい》の大獄《たいごく》」に連座して処刑されたため、松下村塾も閉鎖の憂《う》き目を見る。だが門下生たちは、日本の将来を憂い自らの信念を貫いた師の志を受け継ぎ、日本を新時代へと導いた。吉田松陰——彼は今の時代に必要な〝人材育成のプロフェッショナル〟だったに違いない。

真面目一徹・吉田松陰の知られざる一面

獄中で密かに育んだ松陰たった一度の恋

人生でたった一度の愛のメモリー

高杉晋作や桂小五郎といった立役者を育てた吉田松陰。彼の生涯を語る中で、女性の名前が出てくることはほとんどない。ただひとりを除いては。松陰30年の人生に登場する唯一の女性は「高《たか》須《す》久《ひさ》子《こ》」なる人物。ふたりが出会ったのは、アメリカ密航計画に失敗して、師・佐《さ》久《く》間《ま》象山《しょうざん》とともに長州の野《の》山《やま》獄《ごく》に送られたときのこと。場所はもちろん獄中である。

想いを通じ合わせた過程は定かでないが、互いの心情が込められた句が残っている。

「鴫《しぎ》立って　あと淋《さび》しさの　夜明けかな」

これは松陰が野山獄を出るときに、久子が詠んだ句だ。久子が松陰を慕っていたことがよくわかる。

句から読み解く松陰のあま～い恋心

一方、松陰の気持ちはこれから数年後、安政の大獄によって幕府の下へ檻送《かんそう》される直前、野山獄に再入獄したときの歌で明らかになっている。

「箱《はこ》根《ね》山《やま》　越すとき汗の　出《い》でやせん　君を思ひて　ふき清めてん」

江戸へ向かう当日、久子が縫った手布巾を贈られた際に松陰が詠んだ句だ。何とも甘酸っぱい。

「手のとはぬ　雲に樗《おうち》の咲く日かな」という久子の返しも、切なさがいっぱいだ。高須久子は明治に入ってからも、常に松陰のことを語っていたという。勉学ひと筋といった印象の松陰にも、こんな〝青春の日々〟があったのである。

〝孝〟を大事にした偉人の決断

高杉晋作が松陰の死後沈黙した理由とは？

放れ牛と評された高杉だったが……

鼻輪も通さぬ放れ牛——気性が激しく奔放《ほんぽう》な性格だっだ長州藩士・高杉晋作は、同志たちにこう呼ばれていた。17歳で松下村塾に入門した彼は、やがて「事を議するときにはまず、晋作を呼んで決める」と、吉田松陰にも厚い信頼を寄せられる存在となる。

1859年、松陰が処刑された後、門下生たちは次々と尊王攘夷《そんのうじょうい》運動に身を投じた。もちろん高杉も尊王攘夷思想の持ち主だったが、どういうわけか運動に参加しなかった。

父と決別して奇兵隊を結成

1859年3月、高杉の同門・久坂玄瑞の下に彼から一通の手紙が届く。その内容は「父から尊王攘夷運動に参加することを戒められており、それに背《そむ》けば不孝になる」というものだった。当時は〝孝〟を説く儒教の考えが一般的で、名門・高杉家の嫡男である彼が強い孝行心を持っていたのは当然である。

1860年、高杉は父の勧めに従って結婚し、藩士として平凡な人生を送ることで両親を安心させようとした。そんな彼の心を突き動かしたのは、長州藩を代表して訪れた上海の光景。アヘン戦争で敗れて以来、欧米列強の植民地と化した街を見て彼は思った。

「このまま幕府に政治を任せては日本も二の舞だ」

帰国するや父と決別した晋作は奇兵隊を結成。長州を倒幕派に統一させたのである。彼の決起の裏には「親不孝」の十字架を背負う「覚悟」があったのである。

姑・天璋院とバトルの日々……

公武合体策の犠牲者となった和宮

将軍家茂の妻となる

14代将軍徳川家茂《いえもち》といえば、正室・皇女和宮《かずのみや》のことを欠かすわけにはいかない。和宮は孝明《こうめい》天皇の妹で、母は権大納言《ごんだいなごん》橋本実久《はしもとさねひさ》の娘である。

1851年には、すでに有栖川宮熾仁《ありすがわのみやたるひと》親王との間で婚約が成立していたが、幕府の要請で、急遽《きゅうきょ》和宮は将軍家茂と結婚することになる。幕府の権威が薄れ、朝廷の権威が増す中で、安藤信正《あんどうのぶまさ》ら幕閣は公武合体《こうぶがったい》論を唱えたのである。天皇の姉妹が将軍と結婚するのは初めてのことだった。

大奥&天璋院との対立

1862年、家茂と和宮の婚儀が行なわれたが、その様子は歴代将軍たちのそれとは異なっていた。和宮は将軍より高い身分である内親王の地位で降嫁《こうか》したため、和宮が主人で家茂が嫁をもらう客分という逆転した立場で行なわれたのである。ところが姑《しゅうとめ》にあたる天璋院《てんしょういん》（篤姫《あつひめ》）との初対面では、上座に座る天璋院に対して和宮には座布団もなかった。天璋院は和宮に対し、武家の作法に従うことを求めたのだ。

屈辱を覚えた和宮は、天璋院に対して徹底的に対抗。江戸城内では将軍の正室を〝御台《みだい》様〟と呼んだが、和宮はそれを拒否して〝和宮様〟と呼ばせた。さらに、挨拶は家茂から和宮に言上させるなど、将軍家の慣例をことごとく破ったのである。だが、他者への気遣いが巧《うま》かった家茂の機転で、やがて和宮と天璋院は和解したのである。

『皇女・和宮』を読む

和宮の生涯

徳川将軍家の妻となったふたりの女性、篤姫と和宮の波瀾《はらん》万丈の生涯を描く。異なった環境で育ち姑&嫁関係になった彼女たちは、はじめこそ対立したものの、やがては心を通わせる

『天璋院と和宮』植松三十里／PHP文庫

皇女和宮の〝替え玉説〟

和宮についてこんな仰天説がある。和宮はふたりいて、大奥に入った彼女は替え玉だったというのだ。その根拠となったのが、家茂の墓が発掘調査されたときに見つかった一束の頭髪である。調査結果によると、発見された頭髪は和宮と別人のものだということがわかった。ちなみに彼女がすり替わった理由は結婚を拒んだため、直前に死亡したためなど諸説ある。

和宮が替え玉だったとすると、天璋院が彼女に冷たい態度で接したのも納得がいく。

天璋院の養父・近衛《このえ》忠熙《ただひろ》は和宮の兄・孝明天皇からの信任が厚く、孝明天皇の顧問として活躍していた。つまり、天皇家と近衛家は非常に近しい関係にあったのだ。和宮と天璋院がもともと知り合いだった可能性は高い。

本当の和宮を知っている天璋院は、もちろん彼女が別人であることに気付き、不遜《ふそん》な態度で接したのではないだろうか。

天然痘が原因で崩御したのは嘘だった……!?

孝明天皇の死の裏には岩倉具視の影があった

健康だったはずの孝明天皇

孝明天皇が即位したのは12代将軍・徳川家慶の在位中のことである。即位時、天皇はまだ16歳、政治経験が乏しいままに安政の大獄や桜《さくら》田《だ》門《もん》外《がい》の変などが起きた動乱の時期を駆け抜けることとなる。

また、公武合体運動の推進などを行ない、天皇として尽力した。天皇の多忙さに周囲は天皇の心労や体調を心配するが、天皇はいたって健康だったという。そんな孝明天皇が急な発熱で倒れたの

は1866年のこと。原因は天然痘《てんねんとう》と発表される。すぐに24時間態勢での治療措置が取られ、その甲斐あってか天皇の症状は順調に回復し始めた……が、病状は急変。そのまま帰らぬ人となってしまった。

波紋を呼んだ天皇の急死

あまりに急な出来事だっただけに、孝明天皇は何者かによって暗殺されたのではないかという〝暗殺説〟がささやかれたのも無理はないだろう。「いったい誰が何のために天皇を殺したのか」「天皇が死んで一番得する人物はいったい誰なのか……」そこでひとりの男の名前が浮かび上がる。のちの王政復古《おうせいふっこ》の大号令で知られる男、岩倉具視だ。

岩倉具視はかつて公武合体論者だったが、彼は世間が倒幕ムードになるとあっさりと尊王攘夷派に転向。これが結果的に孝明天皇との関係に決裂を招くこととなってしまったのだ。孝明天皇が在位されている限り出世することは難しい。そう考えた岩倉が天

36歳で崩御された孝明天皇。健康だった天皇の急死には〝暗殺説〟が浮上する

皇暗殺を企てた……というのである。

明治天皇へと替わって、岩倉は出世

孝明天皇から明治天皇へ替わると岩倉は一躍出世。これは孝明天皇が在任していればあり得ない展開だっただけに、さらに〝岩倉具視による暗殺説〟を盛り上げることとなってしまったのだ。

そんな天皇暗殺がささやかれる岩倉だが、彼にはもうひとつ疑いがかかっているものがある。〝天皇すり替え説〟だ。これは睦《むつ》仁《ひと》親王が明治天皇となられる際、別の者に差し替えられたというもの。それを示すように即位前とあとで天皇はまるで〝違う人〟なのである。

たとえば、睦仁親王は天然痘を患っており顔面には天然痘特有の後遺症があったが、明治天皇の顔には見られない。また、虚弱体質だったという幼少時代に対し、即位後はといえば側近の者を相撲で投げ飛ばすこともあったとか。さらに、「字が下手」「政務に無関心」「乗馬の記録がない」という睦仁親王に対し、明治天皇は真逆の要素を持っているのである。

天皇はすり替えられていた!?

それではいったい誰にすり替えられたのだろうか。

その人の名は南朝の末裔《まつえい》である大室寅《おおむろとら》之《の》祐《すけ》。つまり「北朝」系の子孫である睦仁親王に代わり「南朝」の大室が即位したということだ。これにより北朝系に仕えていた徳川家や松平家は、天皇にとって「逆賊《ぎゃくぞく》」になってしまった。これが新政府にとって江戸幕府勢力を一掃する「口実」となり戊辰戦争が起きたのである。岩倉は天皇をすり替えることによって旧体制を完全に破壊することに成功した……ということである。

当時、人々は噂を耳にしては真相を確かめようとしてきた。しかし、明治に入ると皇室のプライベートやスキャンダルを公言することはタブー化されてしまう。岩倉は周囲の追及を〝うまく〟免れたのである。

孝明天皇の死をめぐる 人物相関図

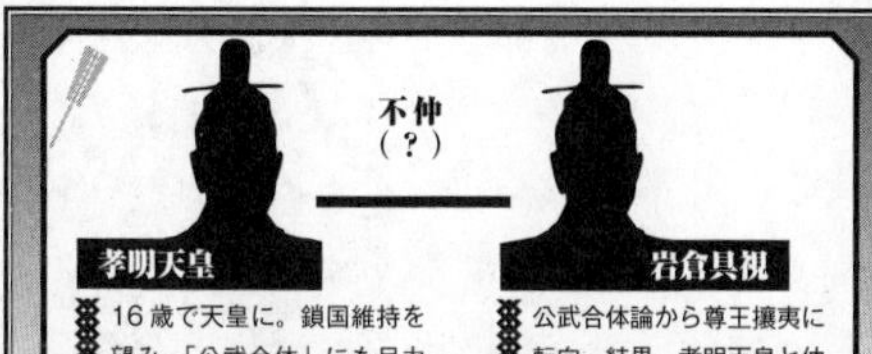
公武合体論から尊王攘夷に転向。結果、孝明天皇と仲違いに
16歳で天皇に。鎖国維持を望み、「公武合体」にも尽力する

日本人で初めて外国人と結婚したのは……

国際結婚のきっかけを作ったのは高杉晋作だった!?

イギリスへ出発！の予定が……

今や国際結婚は身近なものとなったが、日本人で初めて外国人と結婚した人物は幕末にいた。

その人の名は、南貞助《みなみていすけ》。彼は留学先だったイギリスから妻として英国人女性を従え帰国した。日本における国際結婚第1号の誕生である。その貞助のイギリスへ渡るきっかけを作ったのが、高杉晋作だったのだ。

晋作は1865年、イギリスを視察したいと藩に申し出た。だが藩から旅費をもらい、密航の手配も終えていざ出発というときに、イギリス商人グラバーから「今は藩を離れるべきでない」とストップがかかってしまう。晋作はしぶしぶ諦めるが、イギリスへ行ける権利を放棄するのももったいない。そこで、従弟の貞助に声をかけたのである。

国際結婚をした、その理由とは

貞助は渡英後、勉学に励んだ。だが次第に学費などが間に合わなくなり、彼は仕方なく帰国することとなる。だが貞助は数年後、ふたたびイギリスへ。彼はその頃、日本民族とヨーロッパ人の優秀な血を混ぜるという「日本人種改良論」を唱えており、日英の混血児を得ようとしていたのだ。そのときに出会い、妻としたのが英国人女性エリザ・ピットマンだったのである。

もし、晋作が渡英の権利を貞助に譲っていなかったら、この結婚はあり得なかったはずだ。国際結婚カップルを生み出すきっかけを作ったのは、意外にも高杉晋作だったのである。

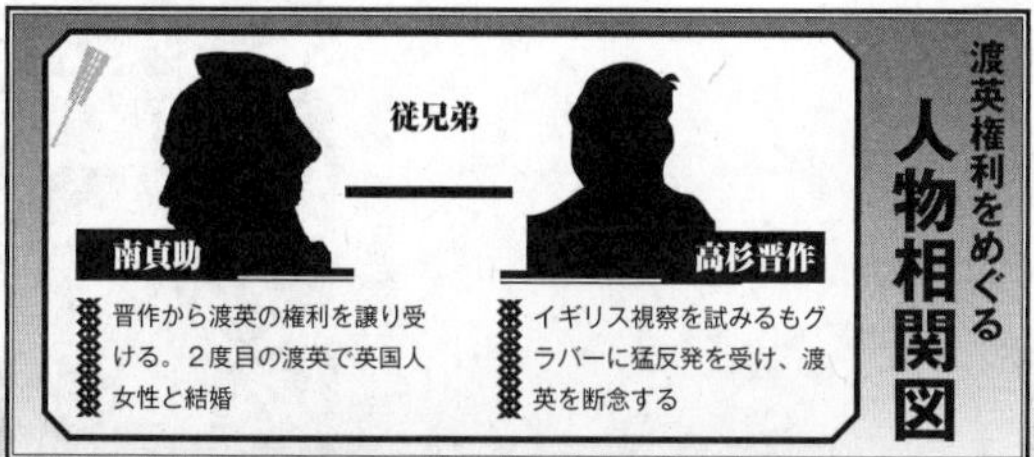
渡英権利をめぐる
人物相関図
従兄弟
高杉晋作
イギリス視察を試みるもグラバーに猛反発を受け、渡英を断念する
南貞助
晋作から渡英の権利を譲り受ける。2度目の渡英で英国人女性と結婚

英雄の遺志を継ぎ明治期に軍人や政治家として活躍

西郷隆盛を支えた弟・従道は内閣総理大臣になっていたかも!?

兄の右腕として戦った実弟の従道

幕末から明治維新にかけて活躍した元勲として高名な西郷隆盛。実の弟、従道もまた突出した軍人であり、政治家であり、辣《らつ》腕《わん》を振るった大人物だったことは意外に知られていない。

１８４３年、従道は西郷吉兵衛の三男として誕生。兄の隆盛が生まれたのは１８２７年。ふたりは16歳も年が離れた兄弟だった。幼い頃は茶坊主として仕えるも、その後、兄の隆盛や大久保利通たちによって結成された精忠組という藩士グループに加担。隆盛ともに尊王攘夷運動を行なう。

当時から従道の血気盛んな行動は、兄に負けず劣らなかった。寺田屋事件では薩摩藩から弾圧を受けたが、従道はまだ年少ということで帰藩謹慎処分となり事なきを得る。翌年の薩英戦争では決死隊に志願し、さらに戊辰戦争では鳥羽・伏見の戦いで重傷を負うなど、果敢に戦地へ飛び込んでいった。兄の右腕として勇猛に倒幕運動に加わり、戦ったのである。

従兄弟・大山巌も断った総理大臣職

軍人としてのキャリアを積み上げる従道は、ヨーロッパで近代的な軍事を学んだ後、陸軍大輔に任じられる。さらに明治新政府内で高い地位に登りつめ、参議や文部卿、陸軍卿、農商務卿、内務大臣などを務める。1884年には華族令制定に伴い、維新時の功績から伯爵を授けられることになる。

そして翌年、伊藤博文総理大臣のもと、陸軍の出身ではありながら、初代海軍大臣という主要なポストに任命された。

大山巌は西郷隆盛の従兄弟。幼少の頃に隆盛の郷中教育を受け、明治維新後は陸相や参謀長など要職を務め、公爵の位を与えられた

明治天皇から内閣総理大臣になるよう再三押されたのは、その後の話だ。しかし、兄である隆盛が政府との衝突によって国賊の汚名を着せられた経緯に鑑み、従道は固辞している。

これは同郷の従兄弟・大山巖《いわお》も同様であった。

大山巖は西郷隆盛よりも15歳年下で、従道と同じく精忠組に参加。隆盛と志をともに国のために尽くしたが、西南戦争で別れたまま隆盛は自刃。その後、大山巖は日清戦争、日露戦争と軍人大将として活躍し日本の勝利に大きく貢献。「元帥」、そして公爵の地位に輝く。彼もまた、内閣総理大臣の椅子を勧められたが、西郷の従弟であることを理由に断っている。

今もなお生き続ける西郷家の血筋

西郷家は清貧に甘んずる暮らしぶりだったが、次男の吉次郎や長女の琴がしっかり者で、隆盛と従道が世に出たあとの西郷家を守り抜いた。だからこそ、隆盛・従道兄弟は国のために戦うことができたといわれている。

そうして従道の直系の子孫は、公家や旧大名家との間に確固た

西郷隆盛は桜島を望む丘の上にある「南洲墓地」に眠っている。右に別府晋介、左に桐野利秋と薩軍兵士の墓も並ぶ

る門閥を築いたことで有名だ。従道の侯爵位と家督を継いだ従徳は、陸軍歩兵大佐から貴族院議員となり、岩倉具視の孫娘を妻に迎えた。嫡子の従吾は、陸軍大佐から第二次世界大戦後は軍事評論家として活躍。西郷家の血は現代でもまだ継がれている。

ちなみに、西郷隆盛は生涯で3度結婚した。初婚は名門・伊集院家の須賀という娘。身分や価値観の違いからか、わずか2年で離婚。ふたり目は蟄居先の奄美大島で出会った愛加那。ふたりの子に恵まれながらも薩摩藩へ呼び戻されることとなり、別離を余儀なくされた。長男・菊次郎はエリート街道を歩み、京都市長にまで登りつめた。

3人目の伴侶である糸子は、隆盛の明治維新の活躍を陰で支え、西郷家を守り通した。そればかりか愛加那との間に生まれたふたりの子を引き取り、我が子のように育てた。隆盛と同じく、器の大きな女性だったと評されている。

突如巻き起こったナゾの大騒動

ええじゃないかの乱舞お札降りは誰の仕業？

怪奇現象・天からお札が降る

1867年7月から翌年4月にかけて、東海道～畿内・四国を中心に民衆たちの大乱舞が起こった。

岩倉具視の『岩倉公実記』によると「神符がまかれ、人々はヨイジャナイカ、エイジャナイカ、エイジャーナイカと叫んだ」とある。その様子を描いた錦絵《にしきえ》には、空から降るお札をわれ先に取ろうとする人々が描かれているのだ。もちろん当時、飛行機やヘリコプターがあるわけもなく、お札が自然に降ってくるなどあり得ない。山の上から誰かがばらまいたと思われるが、それで人々の手元にうまく届くかは、はなはだ疑問である。

倒幕派が仕組んだ大イベント?

最近の研究で有力視され始めているのが、「空から降ってきたように見せかけて、誰かが人の目につきやすい場所に置いていったのではないか」とする説。では、誰が何の目的でお札を置いていったというのか?

後に、倒幕派の大江卓《おおえたく》が「自分が札を造ってまいた」と申し出ている。本当に彼がやったかどうかは不明だが、彼のように幕府に不満を持つ人間の仕業である可能性は高いだろう。というのも、こうした大騒動は民衆に大きな動揺を与えたのだから。幕府にとっては決して好ましくない状況だ。

事実1867年の10月14日に大政奉還、翌1868年9月8日には年号が明治に改元された。ええじゃないか効果があったのか、倒幕派の狙いは成功しているのだ。

幕末の大乱舞

其ノ一	其ノ二	其ノ三
大乱舞発生。東海道の宿場に秋葉神社のお札が降下する	ええじゃないかの大乱舞が東海道、畿内全域に広がる	「王政復古の大号令」の宣言により明治維新が実現する

人々に夢を見させる埋蔵金伝説

幕府御用金は赤城山にある!?

勘定奉行・小栗忠順が隠した御用金

１８６８年、江戸城が無血開城となった際、新政府軍はまず金蔵へ向かった。目指すは幕府御用金。財政難に喘《あえ》いでいた新政府は、幕府の保有財産を資金源にしようと考えていたのである。ところが、城内の金蔵は空だった。そこで新政府は、幕府が隠匿《いんとく》したと判断し、御用金探しがスタートする。まず疑われたのが、大政奉還時に勘定奉行を務めていた小栗忠順《おぐりただまさ》。彼はすでに斬首に処せられていたのだが、「以前、権田村《ごんだむら》に引き揚げる小栗が御用金

を持ち出し、赤城山麓《あかぎさんろく》に密かに埋めた」という流言が飛んだからさあ大変。以来、赤城山の各地で発掘が行なわれた。

埋蔵を提案したのは井伊直弼?

幕府御用金の埋蔵に関与したとされるメンバーのひとりで幕府の勘定吟味役だった中島蔵人《なかしまくらんど》が、臨終の際に甥《おい》の水野智義《みずのともよし》を呼び、次のようなことを言い残した。「御用金埋蔵を提案したのは当時の大老・井伊直弼《いいなおすけ》であり、実行犯は自分のほか小栗忠順や林鶴梁《はやしかくりょう》など数名であった。赤城山麓に埋められた金額は約360万両、手がかりは古井戸の中」と。さらに埋蔵の位置を記した巻物『大義兵法秘図書』や埋蔵の際に使った道具を記した文書『萬四目上《よろずしめあげ》覚之帳《おぼえのちょう》』など、埋蔵金の存在を指し示す史料が大量に出てきたのである。現代の金額に換算すると、5000億円以上にもなる幕府御用金。赤城山周辺では、大政奉還から150年以上経った今なお、発掘作業が行なわれている。

小栗忠順
江戸末期の幕臣。勘定奉行、軍艦奉行など多くの奉行を務め、幕府の財政再建に尽力する。大政奉還後も薩長への主戦論を唱えるが受け入れられず罷免される。1868年、薩長軍に捕縛され、斬首される。

「世を忍ぶ仮の姿」が冒険家なのか？

冒険家・間宮林蔵は幕府のスパイか!?

シーボルト事件を密告した林蔵

1828年10月、帰国の途についたオランダ商館付きの医師・シーボルトの船から、国外持ち出し禁止の日本地図が見つかる。幕府はこれをスパイ行為と見なし、シーボルトは国外追放。地図を贈った書物奉行の高橋景保《たかはしかげやす》も投獄される。これが「シーボルト事件」だ。

シーボルトが持ち出そうとしたのは、伊能忠敬《いのうただたか》の『大日本沿海輿地《よち》全図』。高橋景保は忠敬の師であった高橋至時《よしとき》の息子で、忠敬が死んだあと未完成だった地図の作成を引き継いでいたのである。そして驚くことに、この事件は忠敬の弟子、間《ま》宮《みや》林《りん》蔵《ぞう》の密告によって発覚したというのだ！

冒険家から幕府のスパイに転身！

かねてより北方の植物に興味を持っていたシーボルトは、林蔵が蝦《え》夷《ぞ》地で採集したという押し葉標本を手に入れるべく彼に手紙を送った。だが林蔵は「外国人との贈答は国禁に触れる」と考え、開封しないまま勘定奉行に提出したのである。これが原因でシーボルトと景保の交流が露見。国禁を犯そうとしたことも発覚してしまうのである。林蔵に対する世間の目は厳しかった。冒険家として名高かった彼の名声は、〝大師匠を陥れた卑怯者《ひきょうもの》〟として一気に失墜したのである。

その後、彼は学者の道を捨て、なんと幕府の隠密として後半生を送ったという。もしかすると彼はもともと隠密であり、蝦夷地の探検もスパイ活動の一環だったのかもしれない……。

第2章

戦国

物静かで温和、気配りもできるデキる男だった!?

勇猛果敢な幸村像、本当は物静かな人物だった？

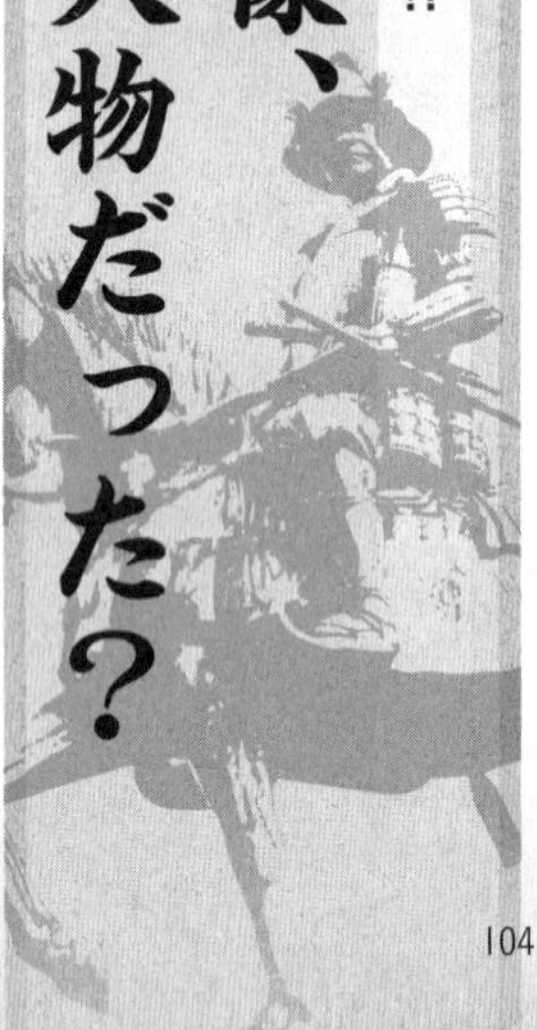

猛将・幸村は実は物静か!?

逸話や後世の物語の影響で闘将のイメージが強い真田幸村《さなだゆきむら》（信《のぶ》繁《しげ》）。本来はどんな性格だったのだろうか。

幸村といえば、大坂夏の陣での勇猛果敢《ゆうもうかかん》な戦いぶりが有名だ。中でも、家康《いえやす》の首に迫って自害を覚悟させたという話や、伊達《だて》家の騎馬鉄砲隊を蹴散らし、「関東武者が百万いても、男子は一人もいないものだな」と嘲笑したとのエピソードがある。

しかし幸村の性格はイメージとは異なる。兄・信之《のぶゆき》は弟について、「心優しく、物静かで言葉も少なく、腹をたてることも少なかった」と残している。また、周囲への気配りも細やかで信頼も厚く、大坂の陣で烏合《うごう》の衆だった武将らをまとめられたのは、幸村だったからこそともされる。

温和な幸村を激怒させたのは？

そんな柔和な幸村が怒り狂った事件があった。関ケ原《せきがはら》の戦い後、父・昌幸《まさゆき》と幸村が上田城へと帰る途中、孫の顔を見ようと信之の居城・沼田《ぬまた》城に立ち寄った。しかし夫の留守を守る小松《こまつ》姫は「夫がいない間は、義父・義弟でも入城させない」と門を固く閉ざした。

昌幸は「これで真田家も安泰」と喜んだともいうが、幸村はこの対応に激怒。沼田城に突入を試み、父に止められたという。さらには「沼田の町に火をかけましょう」と提案したともいう。幸村が激怒したとの記録は、後にも先にもこれだけ。温和な義弟をここまで怒らせるとは、さすがは本多忠勝《ほんだただかつ》の娘だ。

英雄的武将として後世、広く庶民に親しまれている真田幸村

天下分け目の戦いで、真田家が下した大きな決断！

関ヶ原の戦いの「犬伏の別れ」真田親子の意図とは？

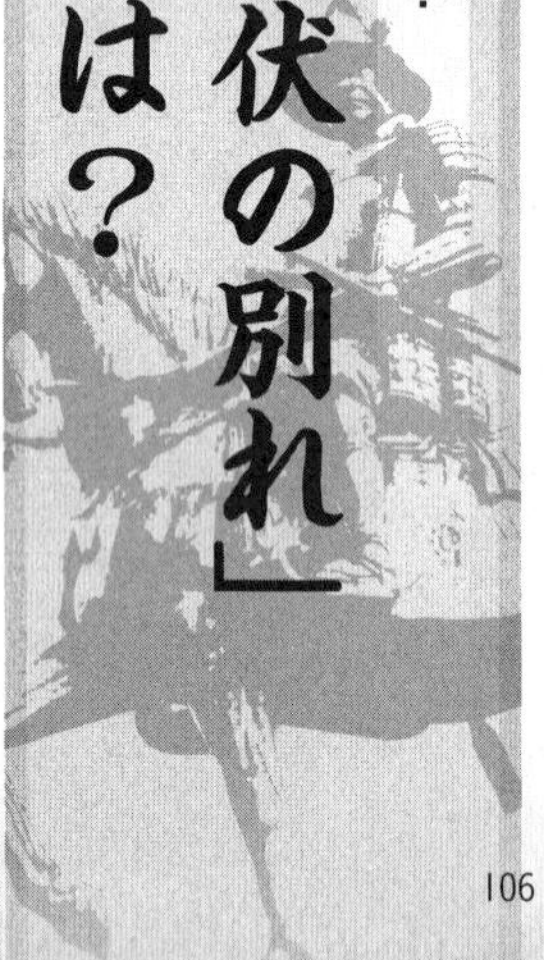

真田家の未来を決めた「犬伏の別れ」

天下分け目の「関ヶ原の戦い」。その戦いに際して、真田家は大きな決断を下した。真田家は、父・昌幸と幸村が石田《いしだ》三成《みつなり》率いる西軍に、そして信之は徳川《とくがわ》家康率いる東軍に参加することを決めたのだ。親子兄弟で分かれて戦うという選択は、下野国《しもつけのくに》犬伏《いぬぶし》で決められたため、「犬伏の別れ」と呼ばれる。この選択がどんな状況で行なわれたのか、またどのような意図があったのかについては、さまざまな説が残っている。

白熱した？　真田家の三者会談

通説とされているのは、人払いを行なって三者で真田家の去就について話し合ったというもの。長い協議が続く室内が気になった河原綱家《かわはらつないえ》が部屋をのぞくと、昌幸が「何人《なんびと》も部屋には入るなと言ったはずだ」と、履いていた下駄《げた》を投げつけたという話もある。下駄は綱家の顔にあたり、前歯が折れたという。協議ではなく意思確認程度のごく短い会合だったとの説や、会合そのものが行なわれていないとの説もあるなど、犬伏で何があったのかはよくわかっていない。

真田家が両軍に分かれた理由とは

結論として、真田親子が選んだのは敵味方に分かれて戦う道だった。どうしてたもとを分かったのかにも、いくつもの説が存在する。

有名なものは、西軍・東軍のどちらが勝っても真田家が存続す

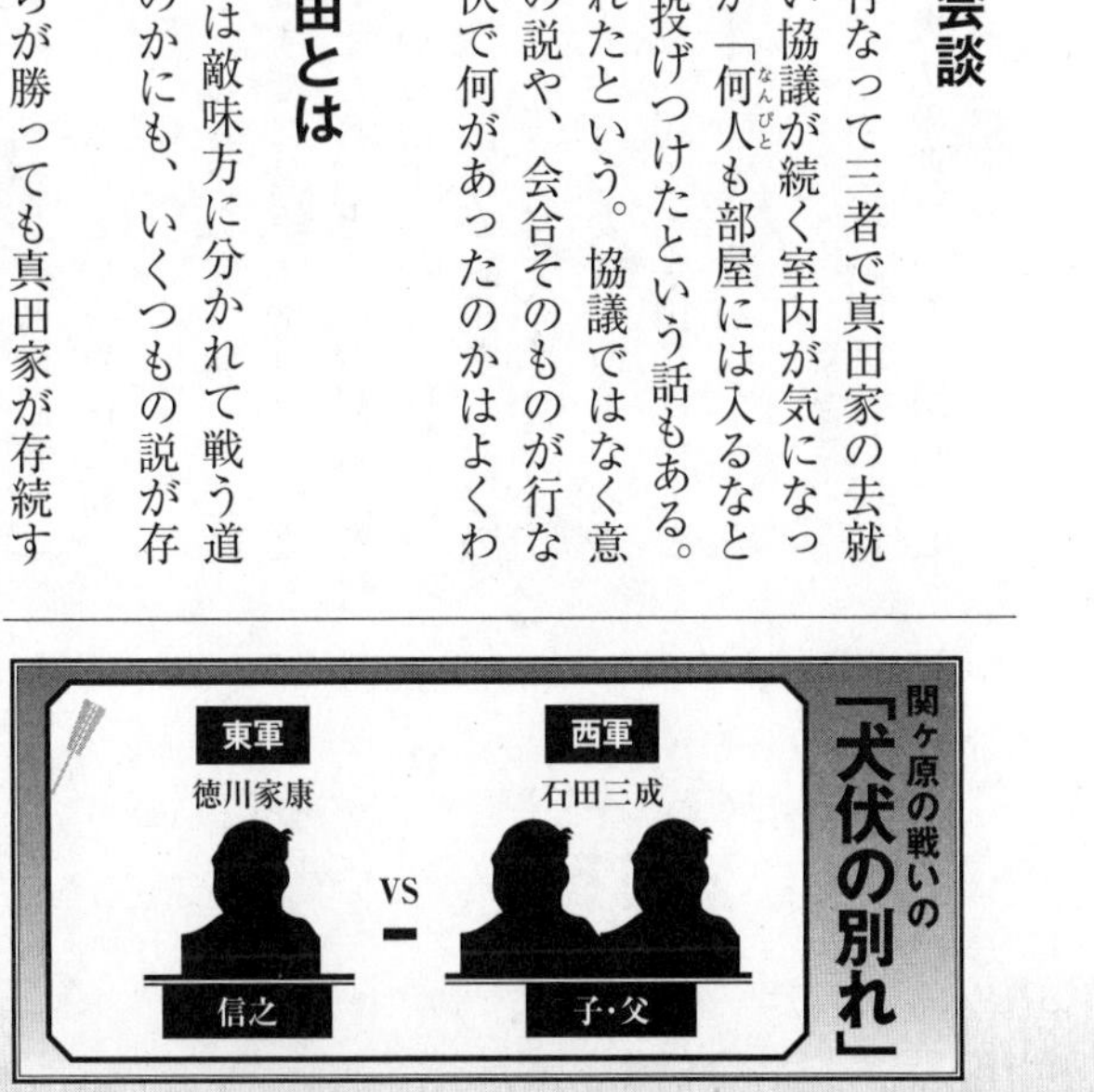

るよう、あえて敵味方になったとするもの。智将《ちしょう》として知られる真田昌幸らしい選択である。また西軍のほうが勝利時の恩賞がよかったことから、一気に真田家を大きくしようという意図を持っていたともいう。

双方が歩み寄りを願ったものの、どちらも譲らず、別々の進路を選んだという説。さらには真田家はすでに昌幸・幸村と、信之という独立した2家の大名になっていたため、とくに意思統一を求めず、各々が自らの意思に従ったという説もある。

どちらに味方するかにあたっては、姻戚関係が重視されたとの説が有力だ。信之の妻が徳川四天王のひとりである本多忠勝の娘・小松姫だったことはよく知られている。幸村の妻は、西軍の大谷《おおたに》吉継《よしつぐ》の娘であり、昌幸の娘は、石田三成の義弟・宇田《うだ》頼次《よりつぐ》の妻となっていた。それぞれの立場から、自然と両軍に分かれたと考えられる。

西軍が敗れたのちも、信之によって真田家は存続。明治以降に至るまでその名が残ったのだから、「犬伏の別れ」での選択は大きな意味があっただろう。

大坂夏の陣で死んだとされた幸村だったが……

真田幸村は薩摩に逃げ落ちた!?

焼け跡に残された身元不明の焼死体

徳川家と豊臣《とよとみ》家が衝突を繰り広げた大坂夏の陣。これにより大坂城は落城、豊臣家は滅亡へと追いやられ、淀君《よどぎみ》と秀頼《ひでより》の母子は自害、多くの家臣も命を落とした。そのうちのひとり、家康にさえもその存在を恐れられていた真田幸村。彼はあと一歩のところまで家康を追い詰めるが、負傷した仲間を看病している最中に襲われ死んだといわれている。だが、そんな幸村には〝薩摩落ち伝説〟が存在する。

その根拠は、炎上した大坂城の焼け跡からいくつもの焼死体が発見されたものの、どれも損傷が激しく身元が確認できなかったことに由来する。その直後から、大坂城で死んだのは幸村の影武者で、実は当の本人は大坂夏の陣の後も生き延びていたのではないかという生存説が広まったのである。

抜け穴から薩摩へ脱出!?

風説によると、幸村は秀頼を連れて海路で大坂城から薩摩へと脱出したという。現に、大阪市の真田山《さなだやま》には抜け穴が実在しており、京都では「花のようなる秀頼さまを　鬼のようなる真田が連れて　退《の》きも退いたり加護島へ」という幸村と秀頼が薩摩にやってきたかのような歌が残されている。さらに現在の鹿児島市には秀頼のものとされる墓までもが存在するのだ。

だが、これだけの証拠が残されていながら夏の陣以降の彼らの行方は依然謎のままとされている。なぜなら、ふたりの最期をこの目で見た者はいないのだから。

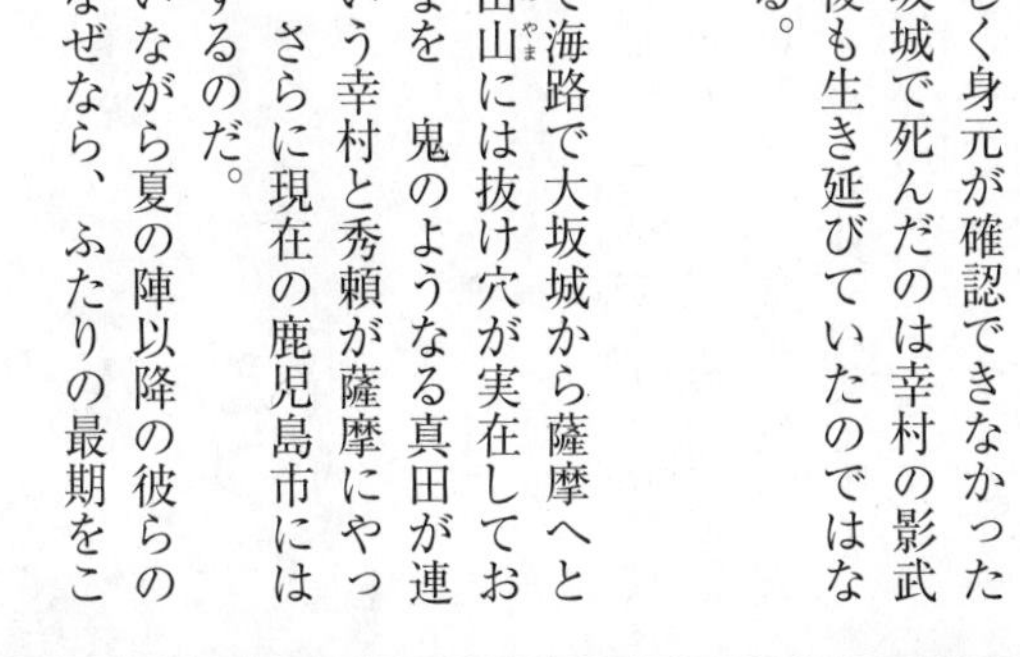
幸村と秀頼の人物相関図
豊臣秀頼
・大坂城で自害？
・鹿児島市に墓が存在
主従
真田幸村
・秀頼に仕えた名将
・秀頼を助け薩摩へ脱出？

新説・本能寺の変！

息子の失敗によって織田信長は自刃した!?

本能寺は城塞に改造されていた！

1582年、織田信長《おだのぶなが》の下に中国遠征中の羽柴秀吉《はしばひでよし》より援軍要請が届く。信長はただちに出兵準備のために上洛《じょうらく》、本能寺に逗留《とうりゅう》した。そこに突然、明智光秀《あけちみつひで》が兵を率いて急襲、信長は建物に火を放って炎の中で自刃したといわれている。本能寺の変である。

そこで疑問に思うのが、なぜ信長は守りの弱い寺を宿舎にし、少数の手勢しか置いていなかったのかということだ。実は近年の研究では、本能寺は1580年に本堂を改築、堀や石垣などを設けるなど防御に優れた城塞に変貌していたと考えられつつある。それが本当なら、そもそも疑問自体が意味を失ってしまう。

実際、2007年の本能寺跡の発掘調査により、堀や強固な石垣の遺構が掘り出されている。信長は決して、油断していたわけではなかったのだ。

父の死を知った信忠が取った行動

いかに堅固であろうと、多勢に無勢では限界がある。信長もそれは百も承知だったはず。

おそらく時間稼ぎができればよいと考えていたのだろう。結果、援軍が間に合えばよいが、間に合わなかったとしても味方が態勢を整える時間はなんとか稼げるはず、と。では、もっとも身近な味方はどこにいたのか？

当時、信長とともに秀吉への援軍に向かうべく、京都の妙覚寺《みょうかくじ》に嫡男《ちゃくなん》の信忠《のぶただ》が滞在していた。信忠は光秀謀反《むほん》の報を受けると救援に向かおうとするが、時すでに遅く信長自害の報が届くと、京

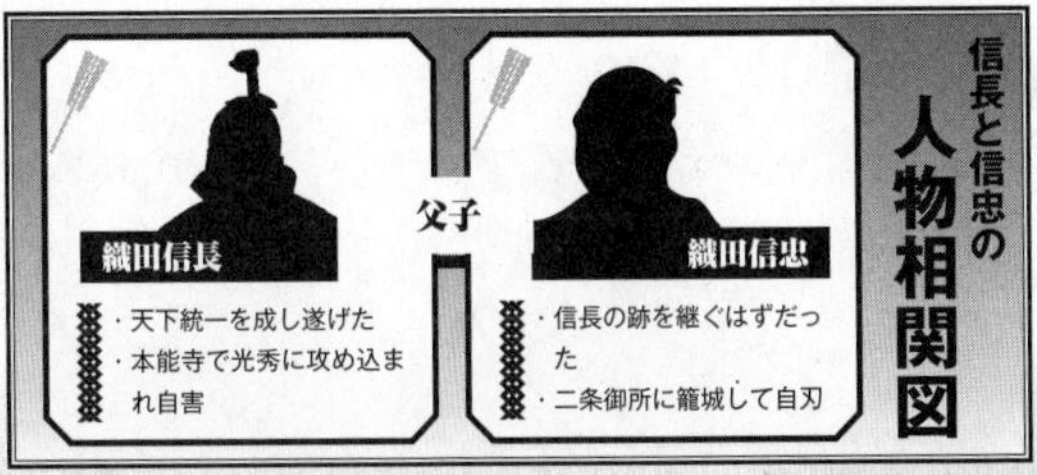
信長と信忠の
人物相関図
織田信忠
・信長の跡を継ぐはずだった
・二条御所に籠城して自刃
父子
織田信長
・天下統一を成し遂げた
・本能寺で光秀に攻め込まれ自害

都所司代・村井貞勝の助言を受けて二条御所に入る。これは後で振り返ると歴史的に分岐点となる重要な決断であった。

信忠の選択は正しかったのか？

信忠は二条御所に籠城して善戦するが、父同様、兵力の差はいかんともし難く、自刃して果てる。

ここで歴史のｉｆとなるが、仮に信忠が二条御所に入らず、京都から落ち延びていたらどうだったろう。その後の展開が示すように、光秀に与《くみ》する者はほとんどいなかった。一方、信忠は信長の嫡男である。態勢を整え、家中の名将たちを率いて復讐《ふくしゅう》戦を挑めば、容易に光秀を滅ぼすことができたのではないか。

その場合、史実では信長の後継者の座に座った秀吉が力を持つ機会は失われ、織田による天下が実現していた可能性は高い。前述のように、そのための時間はあったわけで、信忠の選択の誤りがあの世の信長には恨めしかったことだろう。

農民出身のコンプレックスが行き着いた先

天下を取った秀吉の最終目標は皇帝!?

チャンスをものにする危機管理能力

本能寺の変で織田信長が無念の死を遂げてから、1年も経《た》たないうちに信長の後継者を狙った羽柴秀吉。ほかの有能な織田家家臣団を差し置いて、なぜ秀吉がひとり突出した働きを見せたのか？　それは彼が鋭い戦術眼と、果てなき天下への野望を持っていたからであった。

まず、秀吉の天下取りの原動力となったのは、かの有名な〝中《ちゅう》国大返《ごくおおがえ》し〟である。そのスピード行軍の理由として第一に挙げられるのが、即座に毛利《もうり》と講和を結べたことである。秀吉は毛利の居城を攻めると同時に使者を送り、講和を進めていたのだ。それもすべて万が一の事態に備えるため。ライバルの柴田勝家《しばたかついえ》や滝川《たきがわ》一益《かずます》とはこの時点で大きな差がついていた。

ライバル勝家を破った機動力

山崎の戦いで明智光秀を討った秀吉が次に対峙《たいじ》したのは、織田家家臣時代に鬼柴田と恐れられていた柴田勝家だった。この賤ヶ《しずが》岳《たけ》の戦いにおいても、また秀吉は周囲を驚かせる奇抜な戦術を披露している。それは〝中国大返し〟をも超えるスピードで戦場へ駆けつけた〝美濃《みの》大返《おおがえ》し〟と呼ばれる行軍術である。この際、1万5000の羽柴軍は52キロの距離をわずか5時間で駆け抜けたという。このスピードを可能としたのは、兵糧や武器を行軍の途中で補給できるように整備していたからであった。あまりに早い羽柴軍の到着に面食らった柴田軍はあえなく敗走。秀吉は天下をほぼ手中に収めることとなった。

死ぬまで権力を追い求めた秀吉

天下を統一した秀吉は晩年、海を飛び越え、朝鮮に攻め込んでいる。

この戦役は最近の研究では対スペインへの外交戦略のために行なったと考えられているが、一分のスキもなく天下を取った彼がそんな計画性のない消極的な行動を取るとは考えにくい。そこには彼独自のある打算があった。

彼を突き動かしたのは外交政策でも狂った野心でもなく、権力に対しての執着心だった。秀吉の太閤《たいこう》の地位は、日本における実質的な最高権力者ではあっても天皇の下に位置することは揺るがない。そこで秀吉はアジアの皇帝となることで、名実ともに日本のトップに立とうとしたのだ。

惜しくもアジアの巨大な壁の前に敗れ去ったが、この秀吉の行動は、17世紀前半に明が急速に弱体化する原因となり、アジア諸国に大きな影響を及ぼした。

戦国豆知識　秀吉が皇帝なら信長は神!?

信長はキリスト教と出会ったのをきっかけに、"神"を目指すようになったという。彼は安土城内に総見寺を建て、礼拝に訪れた人には御利益があるという高札を掲げた。そして、自身の誕生日には必ず礼拝にくるよう命令を出した。その様子を見た宣教師のルイス・フロイスは「信長は自分が神体であり生きた神仏である、世界には他の主はなく、自分の上には万物の創造主はいないと言って地上において自分が崇拝されることを望んだ」と自著の中で語っている。

義に生きた武将、最大の伝説

「敵に塩を送る」謙信の美談は作り話!?

武田領の領民に同情、支援?

上杉謙信《うえすぎけんしん》と武田信玄《たけだしんげん》は11年間、5回にわたって戦った、まさに宿敵同士である。その信玄に謙信が塩を送ったという美談は、知らぬ人のいない有名な逸話。だがこの逸話は、実は後年になって作り出された架空の話ではないかともいわれているのだ。

1568年、武田信玄はそれまで同盟関係にあった駿河《するが》の今川《いまがわ》氏真《うじざね》を攻めた。武田氏の領地である甲斐《かい》と信濃《しなの》は内陸だったため、塩を含む海産物等は今川氏の駿河方面から運び込んでいたのだが、この争いが始まってからは今川氏が物資の流通をストップ。武田氏は塩が手に入らなくなってしまった。そんなときに「敵国とはいえ領民に責任はない」として謙信が武田領に塩を送った、というのがこの逸話のあらましである。

「塩の輸入量増」が美談の起源

氏真が荷物の流通を止める「荷留《にどめ》」を行なったことは事実だが、川中島の戦いなどで何度も戦った武田氏と上杉氏の間にはまだ緊張関係が続いており、謙信が積極的に塩などの物資を送るということは常識的に考えにくい。ではこの美談はどこからきたのか？

上杉領の越後《えちご》から武田領の信濃へと続く糸魚川《いといがわ》街道は、古くから塩の流通ルートとして有名である。今川氏による荷留によって駿河からの輸入が止まったことで、民間ルートでは糸魚川街道からの輸入量が必然的に増えた。この事実が「謙信からの贈り物」として美談になった、というのが真相のようである。

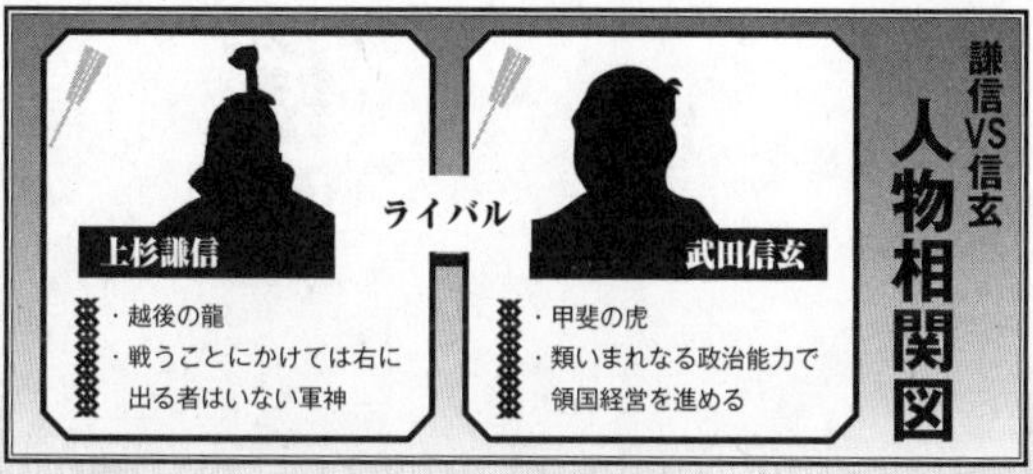
謙信VS信玄
人物相関図
武田信玄
・甲斐の虎
・類いまれなる政治能力で領国経営を進める
ライバル
上杉謙信
・越後の龍
・戦うことにかけては右に出る者はいない軍神

"天皇"を超えたかった男

朝廷を滅ぼし国王になろうとしていた信長

天皇の威を借る日本の権力構造

日本の半分を支配下に収め、天下布武まであと一歩と達していた織田信長は、本能寺の変によって夢半ばのままこの世を去る。しかし、もしも信長が天下統一を遂げていたら、彼は朝廷をも殲《せん》滅《めつ》し、日本史上初めて「国王」の地位に就いていたかもしれない。

有史以来、新しい支配者は必ず前の支配者を滅ぼすのが世界の「常識」である。しかし、日本だけはその常識が通用しない。藤原《ふじわら》氏、平氏《へいし》、源氏《げんじ》、足利《あしかが》氏……。

彼らはみな、天皇家と姻戚になったり官位をもらって威信を高めることで、支配の後ろ盾にしてきた。実権を持たないにもかかわらず、なぜか誰も天皇を「王位」から引きずり下ろそうとは考えなかったのだ。

光秀に信長を討たせたのは……？

最初は信長も、内裏《だいり》の修復を援助したり、金品を献上するなど、朝廷に対して平伏する姿勢を貫いていた。

ところが1577年に右大臣に任命されると、信長は翌年にその位をあっさり返上したり、朝廷が権限を持つことに口出しを始める。

これは、日本の為政者がこれまで採用してきた「朝廷に権威を認めてもらう」体制にはコミットしないという宣言である。信長は、自らが認める新しい価値観に基づいて、天皇に代わる「日本の国王」になろうとしていたと思われる。

歴史的逆転劇が起こった合戦の真実

桶狭間の戦いは合戦場がふたつ!?

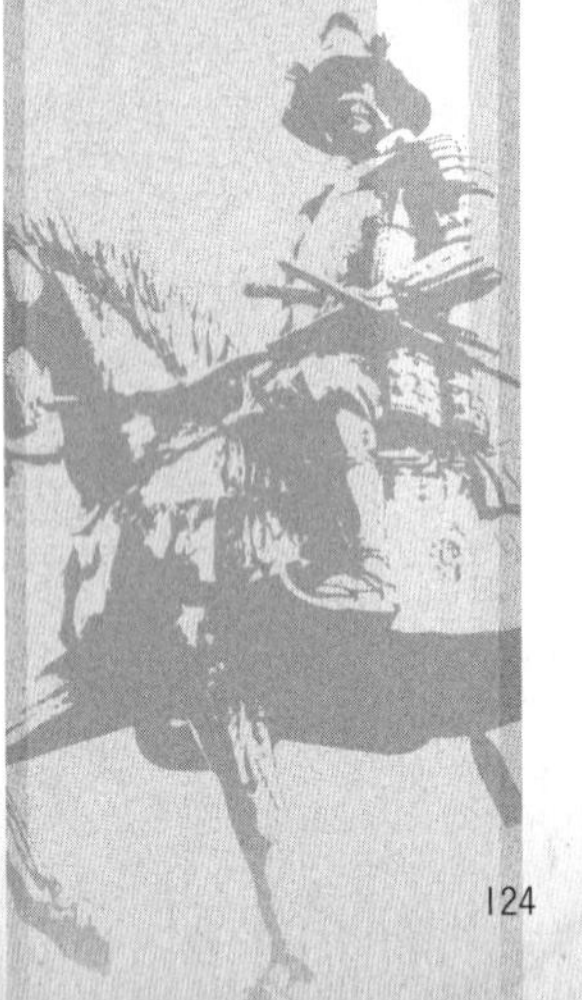

愛知県内にふたつある桶狭間古戦場

１５６０年５月19日、２万５０００の大軍を率いる今川義元《よしもと》は、わずか２０００の織田勢に討たれた。この今川家滅亡のきっかけを作った戦いが、世にいう「桶狭間《おけはざま》の戦い」である。

桶狭間の古戦場といわれる場所は、現在の愛知県豊明市《とよあけし》栄町南《さかえまちみなみ》舘《やかた》という場所にあり石碑も建てられている。しかし驚くなかれ、実はもう１ヵ所、桶狭間古戦場とされる場所が存在する。

その場所は同じ愛知県の名古屋市緑区《みどりく》桶狭間北３丁目の古戦場

で、こちらも同じく石碑が立っている。隣り合わせでもないこのふたつの場所、いったいどちらが本当の古戦場だというのだろうか？

不意打ちされて分裂した今川軍

結論からいうと、ふたつとも桶狭間の古戦場だったようだ。その理由は、合戦当時の今川軍の行動から見て取れる。沓掛《くつかけ》城を出発した今川軍は大高《おおたか》城を目指して地方道を進んでいた。ところが、途中の沓掛と大高のちょうど真ん中にある桶狭間山で昼食休憩を取っていたとき、織田軍からの奇襲を受けたのである。不意をつかれた今川軍のうち、ある者は来た道を戻って沓掛城のほうへ、ある者はこれから向かうはずだった大高城へ逃げた。つまり今川軍はふたつのグループに分かれ、それぞれ織田軍が追撃したのだ。

今まで何度か本家争いが起きていたらしいが、事実、ふたつとも本物の桶狭間の古戦場なのだから。

長政への愛は偽りだった!?

スパイとして暗躍した信長の妹・お市の方

悲劇を生み出した原因はお市!?

織田家と浅井《あざい》家の同盟を締結するために結ばれた織田信長の妹・お市《いち》の方《かた》と浅井長政《ながまさ》。ふたりは政略結婚ながら仲睦《むつ》まじい夫婦生活を送っていたことで知られている。だが、1573年、長政は義兄の信長に攻められ、自害するという非業の最期を遂げた。信長と敵対していた朝倉《あさくら》家と浅井家が同盟を組んでいたために起きた悲劇であるが、この長政の死はお市の方がもたらしたという説がある。

したたかなスパイ大作戦

信長はお市の方を嫁がせるときに、朝倉家には手出ししないことを浅井家と約束していたが、1570年、朝倉討伐のために進軍を開始。長政は板挟みの状況に陥るが、悩んだ挙げ句、朝倉の味方をすることに決め、背後から織田軍を急襲するために動き出す。

ここで動いたのがお市の方である。浅井・朝倉軍の織田軍挟撃作戦を知った彼女は、両端を縛った小豆《あずき》袋を送ることでこれを信長に知らせたのだった。信長を袋の中の小豆にたとえ、両端を結ぶことで挟み撃ちを表現したのだ。それを見た信長はお市の意を察して、すぐさま京都に逃げ込んだ。人知れず情報を集め、意図だけを的確に伝える、まさにスパイの所業である。

このお市の働きがなければ、織田家はここで潰《つい》えていた可能性が高い。長政との円満な夫婦生活もスパイとしての自分を隠すためだったのかもしれない……。

お市の方をめぐる 人物相関図

戦国の大虐殺の裏事情

比叡山延暦寺は焼き討ちされていない？

攻め入ったときにはもう廃れていた

織田信長の残虐性を表す逸話のひとつとして伝えられる比叡山《ひえいざん》焼き討ち。堂塔坊舎《どうとうぼうしゃ》が燃やされ、3000人が虐殺されたといわれるが、現代になって「大規模な焼き討ちはなかった」という説が挙がっている。

1981年、滋賀県の教育委員会が行なった調査によると、大規模な火事があったにしては焦土の跡や人骨などが見つからず、物的証拠は見つからなかったと発表されている。さらに、焼き討ちされる前年に残された記録によれば、当時の僧侶たちは堕落しており、堂塔も坊舎も荒れ果てていたという。では、焼き討ちは本当にあったのか？〝神仏をも恐れぬ信長〟という風評はどのようにして広まったのだろうか？

麓に住む生臭坊主たちを焼き討ち！

1571年、浅井・朝倉両氏をかくまっていた比叡山延暦寺に対し、業を煮やした信長は焼き討ちを開始する。前述したように、そのときの比叡山にはまともな僧侶がおらず、権威だけが残っていた。そんな有様《ありさま》を見た信長は、比叡山の麓にある坂本という町の襲撃を決断。坂本は比叡山を下りた僧侶たちが仏教を盾に住民たちを牛耳っており、信長はそんな僧侶たちを虐殺し、建物に火をつけたのだ。信長としては歯向かう者は許さないという意を示す、見せしめの行為だったようだが、話が広まるにつれ尾ひれがついていったのである。つまり、焼き討ちはあったとしても定説より小規模なものだったのだ。

比叡山焼き討ちの**勢力関係**

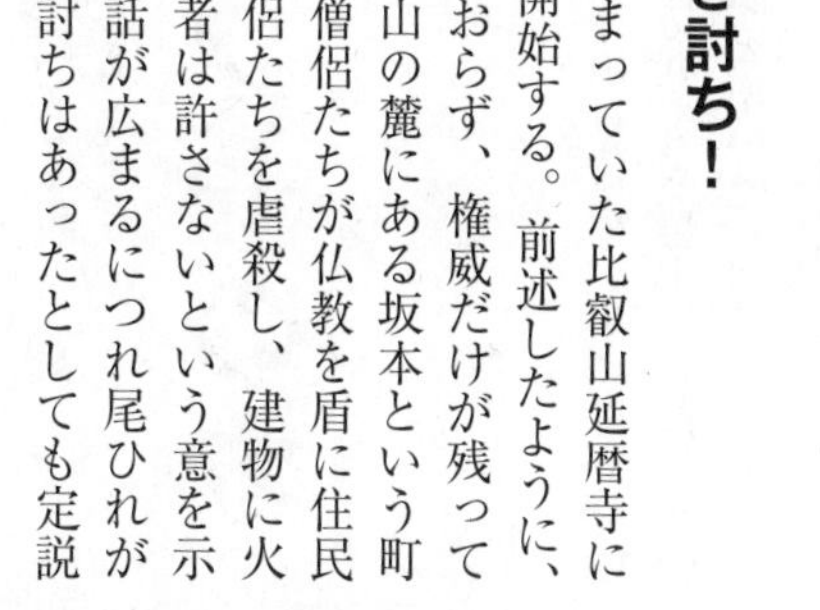

本能寺の変は女の呪いが発端だった⁉

織田信長を裏切り呪い殺したおつやの方

城主を務めた信長の叔母

1572年、美濃岩村《みのいわむら》城主であった遠山景任《とおやまかげとう》が、子どももないまま病死したため、織田信長の五男・坊丸《ぼうまる》を養嗣子《ようしし》にした景任の妻・おつやの方が城主となった。薙刀《なぎなた》隊を率いた立花誾千代《たちばなぎんちよ》など、女性でありながら城主を務めた例はほかにもあるが、このおつやの方も例に漏れず、気丈でしっかりした性格だったという。その性格を表した強烈なエピソードがある。

おつやの方は信長の叔母にあたるため、景任の死で遠山氏の手を離れた岩村城を織田領の城として治めるようになる。1572年、岩村城は武田家家臣・秋山信友《あきやまのぶとも》に攻められるが、おつやの方は守りを固めてこれを死守。戦いは長期戦になるかと思われた矢先、信友は驚くべき方法で和議を申し出る。何と和議の条件におつやの方との婚姻を提示したのである。

信長の死の原因になった!?

おつやの方は申し出を受け、岩村城は武田家のものとなったが、これに激しい怒りを示したのが信長。領民を守るためとはいえ、敵方の男に体を許して負けを認めるとは何事かという具合である。

1575年、信長は岩村城を奪還。秋山信友以下の将を皆殺しにし、おつやの方も逆磔刑《さかさはりつけ》に処した。おつやの方は「信長も必ずあっけない死に方をさせてやる」と泣き果てたという。その7年後、信長は本能寺の変にて死亡。もしかすると、おつやの方の呪いが効いていたのかもしれない……。

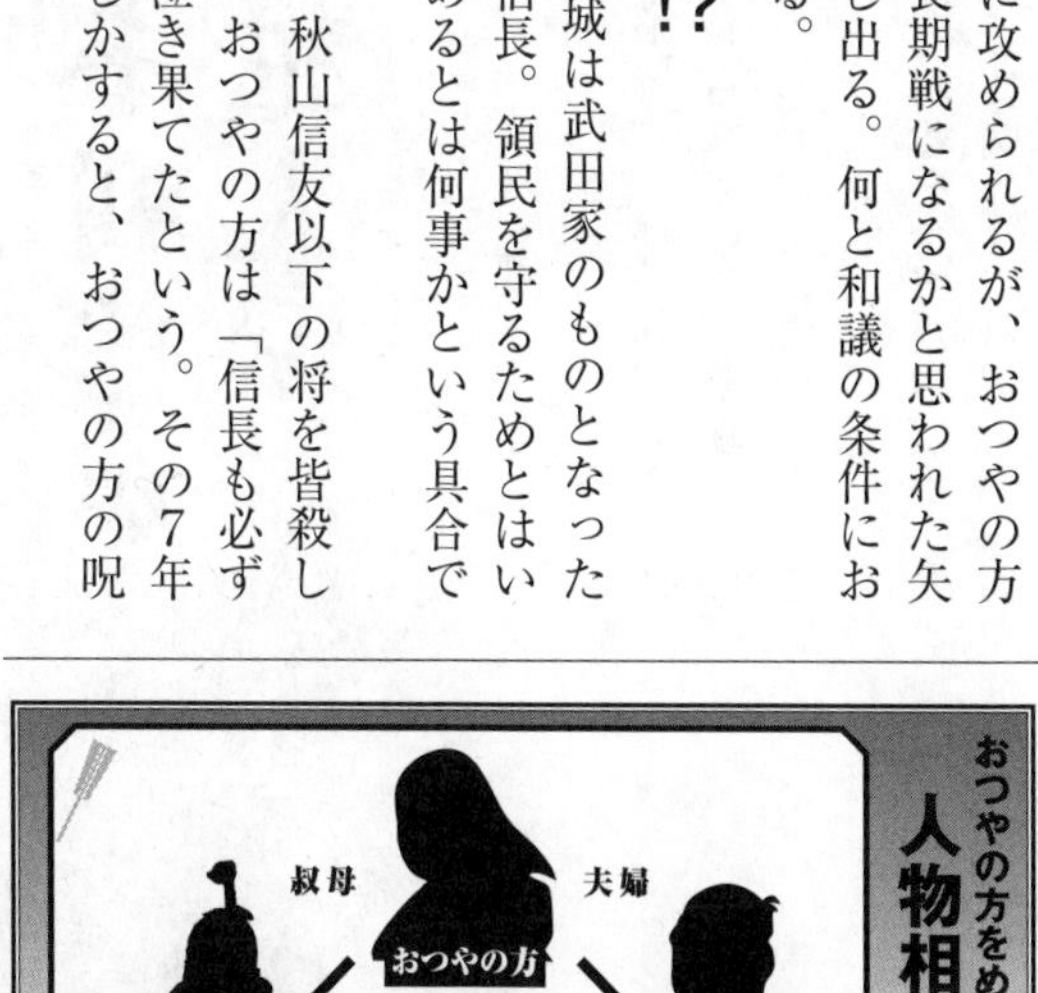

本能寺の変、真の黒幕は茶人!?

希代の茶人・千利休が信長暗殺の真犯人!?

残虐非道の魔王、許すまじ！

戦国期を代表する茶人・千利休《せんのりきゅう》。〝茶聖《ちゃせい》〟と称され、文化人として名高い一方、野心家としてもよく知られている。そんな彼が近年になって、本能寺の変の真の黒幕だったのではないかとささやかれ始めている。

信長からの信頼も厚かった利休がなぜ暗殺を企てたのか？　それは彼が堺《さかい》の商家の生まれであったことに関係している。堺の商人衆は強引なやり方で町を牛耳ろうとする信長を以前から忌み嫌っており、その話は利休の耳にも入っていた。利休も信長の残虐さには辟易《へきえき》しており、以前から機を窺《うかが》っていたのだ。そして1582年6月、ついにそのチャンスがやってくる。

茶器でたぶらかし、陰から暗殺実行

信長のスキを突くために用意したのは、天下の三名器のひとつに数えられる茶器「楢柴《ならしば》」。熱心な茶器コレクターであった信長は、それを以前からどうしても手に入れたいと思っていた。そこで利休は「楢柴」の所有者である博多の豪商を呼び寄せ、本能寺で茶会を開くことを信長に提案したのだ。信長はまんまと罠《わな》にハマり、本能寺で呑気《のんき》に茶会を開いてしまうのだった。

そして利休は連歌《れんが》師の里村《さとむら》紹巴《じょうは》を通じ、明智光秀に暗殺の実行を伝える。光秀は事件の前々日に連歌の会を催し、暗殺の企てを思わせる句を残している。そこには紹巴も同席していたという。事件の11日後、山崎の戦いにて光秀は憤死した。そのとき利休はどんな気持ちで茶器を眺めていたのだろうか…？

明智光秀の言葉

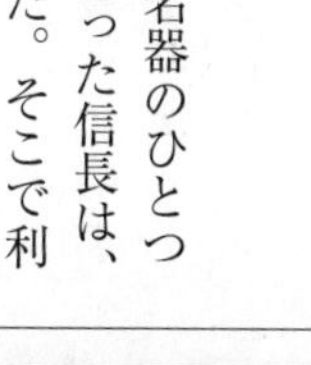

時は今、天《あめ》が下《した》しる五月《さつき》哉《かな》

本能寺の変の前々日に茶会で詠んだ句。信長に天誅《てんちゅう》を下すのは5月という意味だが、実際に本能寺の変が起きたのは6月だった

幻の軍師に実在説が急浮上

知将・山本勘助は実在したのか？

『甲陽軍鑑』が生んだ幻の軍師

隻眼《せきがん》の醜男《ぶおとこ》でありながら、武田信玄の下で軍略や築城術において人並みはずれた才を発揮した名軍師・山本勘助《やまもとかんすけ》。２００７年の大河ドラマ『風林火山』の主役だったこともあり、人々の認知度も高い。

ところがこの勘助、長らく創作上の人物として、実在が疑問視されてきた。というのも、勘助の存在が歴史書に記載されているのは、武田氏の合戦や軍法を記録した『甲陽軍鑑』という軍学書のみ。しかもこの書物は、内容のほとんどが後世の創作であることが判明し、その史料価値は極めて低いとされており、当然、勘助もまた架空の存在であるということが、歴史家の間では暗黙の了解になっていた。

実在を示す文書を発見！

ところが1969年、北海道の民家から武田信玄の書状が発見され、その中に書状の伝令役として「山本菅助」という人物名が明記されていたのである。伝令役とは決して下っ端の使者ではなく、トップシークレットを相手に直接伝える重職であった。

また、2007年には信玄が長谷《はせ》（伊那市）の名家・黒河内《くろごうち》家に宛てた文書が発見され、その中にも「山本勘助を大将にして、城攻めの準備をせよ」という伝令が残されている。仮に実在しても一兵卒にすぎなかったのではないかと思われていた勘助だったが、やはり武田軍の重要なポストに「山本勘助」という人物は実在していたことになるのである。

でっち上げ説から一転 勘助が存在を認められるまで

其ノ一
明治時代……それまで軍学書の聖典だった『甲陽軍鑑』の史料価値が否定され、勘助の実在も絶望視される

其ノ二
1969年……北海道の市川良一氏宅から市河藤若に宛てた信玄の文書が発見、伝令役に「山本菅助」の銘あり

其ノ三
2007年……長谷の黒河内八郎右衛門に宛てた信玄の文書が発見、「山本勘助」が大将クラスの人物と判明する

家康、最大のピンチに思わずリキんでしまい……

家康、恐怖のあまり馬上で脱糞⁉

姉川の戦いで知名度アップ

元亀《げんき》・天正年間（１５７０〜１５９２年）は、織田信長による天下統一事業の正念場であった。そして信長と同盟を組む徳川家康は、いやおうなしに信長の戦いに加勢せざるを得なかった。

１５７０年、浅井長政＆朝倉義景《よしかげ》連合軍を、家康は信長とともに近江《おうみ》姉川《あねがわ》にて迎え討つ。世に有名な姉川の戦いである。

合戦は当初、信長軍劣勢だったが、家康軍の活躍により形勢逆転！ 織田＆徳川連合軍が勝利を収める。本来は助っ人だった家康だが、この戦いで「三河《みかわ》に家康あり」と全国的な脚光を浴びることとなった。

脱糞しつつも勇名馳《は》せる！

1572年、そんな家康に最大の危機が訪れる。武田信玄が上洛を目指したのだ！　当時、越後の上杉謙信とともに〝戦国最強〟といわれた信玄と戦うことの無謀さは、誰の目にも明らかであった。

ところが、家康は敢然と信玄を三方ヶ原《みかたがはら》にて迎撃。そして予想通りの大敗を喫し、家康は命からがら敗走する。このとき家康は恐怖のあまり、何と馬上でウンコをもらしたと伝えられている。家康、生涯で最大の大敗だったが、その勇敢ぶりは天下に轟《とどろ》き、「海道一の弓取り」と称されるようになった。

三方ヶ原の戦いで敗れはするも信玄が病没し、運命の女神は家康に微笑《ほほえ》む。1575年、信玄の跡を継いだ武田勝頼《かつより》と長篠《ながしの》で激突し、圧勝。戦乱の世の収束にひと役買ったのである。

徳川家康VS武田信玄
三方ヶ原の戦いのあらまし

其ノ一
信玄出陣の報を受けた家康は、信長に援軍を要請して出陣する

其ノ二
籠城するつもりだった家康だが、信玄の誘いにのり城を出、野戦となる

其ノ三
徳川軍は惨敗。家康は浜松城に逃げ帰る途中、あまりの恐ろしさに脱糞！

山崎の合戦での死は嘘？

明智光秀は生き延びて天海僧正となった？

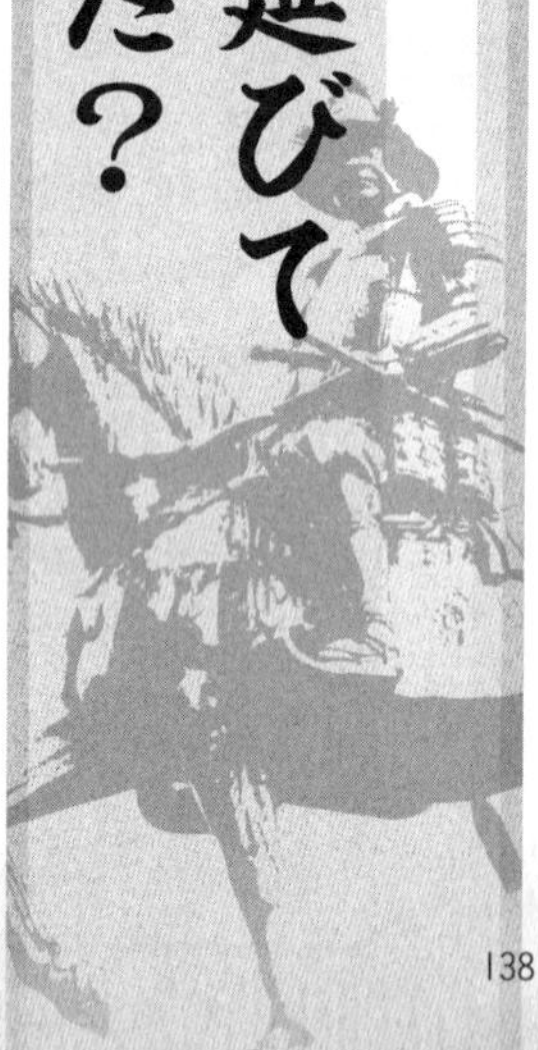

光秀は死んでいなかった？

明智光秀は本能寺の変で織田信長を討った後、山崎の合戦で羽柴秀吉に敗れ、小栗栖《おぐるす》の地を敗走中に現地の住民に竹槍《たけやり》で襲われたために死亡したと伝えられている。いわゆる光秀の「三日天下」である。

ところが、光秀は3日どころかその後も生き延びていたという説は今も根強く残っている。江戸期に書かれた随筆『翁草《おきなぐさ》』には、このとき殺されたのは光秀の影武者であり、本人はそのまま美濃《みの》

光秀と天海をつなぐ疑惑の点と線

其ノ一

斎藤利三と共謀して本能寺の変を起こす

の美山《みやま》に逃げ、75歳まで生きたという説が紹介されている。また、山崎の合戦から京都の妙心寺《みょうしんじ》へ逃げ延びた光秀が自決しようとしたところ、寺の和尚が思いとどまらせたという逸話も残されている。

徳川政権に君臨した天海

それでは、生き延びた光秀はその後、どうしていたのか。一説によると、徳川政権において政治・宗教の最高顧問を務めた天海《てんかい》僧正《そうじょう》こそ、明智光秀なのではないかというのだ。

天海は、家康から家光までの徳川3代にわたって仕え、初期の幕府を支えた功労者だ。若くして比叡山へ入った天海は、1608年に家康と初めて出会い、彼の厚い信任を得る。家康の死後も秀忠《ひでただ》、家光《いえみつ》に対して圧倒的な影響力を誇り、日光東照宮《にっこうとうしょうぐう》の祀り方を主導。不思議な力を持ち、108歳まで生きたという。

そんな天海が、明智光秀と同一人物であると噂《うわさ》されるようになった根拠は、果たしてどこにあるのか。

其ノ二
粟田口に遺体がさらされ、位牌は慈眼寺に安置

▶

其ノ三
利三の娘・春日局が粟田口の高札を見て大奥に入る

▶

其ノ四
天海僧正に「慈眼」の諡《し》号《ごう》が贈られる

光秀＝天海を示す暗号

その手がかりは3代将軍・家光の乳母《うば》で、当時の江戸城内の権力を掌握していた、あの春日局《かすがのつぼね》にある。

春日局の父親は、光秀とともに本能寺の変を起こした斎藤利《さいとうとし》三《みつ》。一説には斎藤利三の母親は光秀の妹だったとされる。いずれにしろ、春日局と光秀の間には、斎藤利三を介して浅からぬ関係があるのである。

また、春日局が家光の乳母になった経緯は、もともと京の粟田《あわた》口《ぐち》で乳母募集の高札を見たからだ、とも。粟田口とは、光秀の遺体が磔《はりつけ》にされたと伝えられる場所である。乳母募集の話は作り話だろうが、そこに何らかの因縁が感じられるではないか。

また、京都・慈眼寺《じげんじ》の釈迦《しゃか》堂には、光秀の木像と位牌が安置されているが、天海が亡くなったとき贈られた諡号《しごう》が何を隠そう「慈眼」。両者のただならぬ関係を、何者かが伝えようとしているかのようだ。

本能寺の変は家康との共謀？

こうした伝承が伝えられる背景には、光秀の出自が謎に包まれていることも関わっているだろう。

彼は、織田信長と足利義昭《よしあき》の仲を斡旋《あっせん》し、義昭を将軍職に擁立した功績で歴史上に初登場する。これがきっかけで光秀は信長の家臣となり、異例の速さで出世していくのだが、一方でそれ以前の経歴がまったくわかっていない。つまり、40歳までの前半世がまるで不明なのだ。戦国時代には、武将でありながら、僧侶になる者も少なくなかったから、光秀が仏門にゆかりのある人物だったとしても、おかしくはない。

いずれにしろ、光秀が天海となって家康の信任を得たとなると、本能寺の変の背景に、家康が大いに関わったのではないかという邪推も可能だ。信長に妻子を殺された家康には、十分な動機がある。光秀と家康の連携は、このとき生まれていたのかもしれない。

戦いを決めるのはいつの世も機動力

羽柴秀吉の行軍が超スピードだったわけ

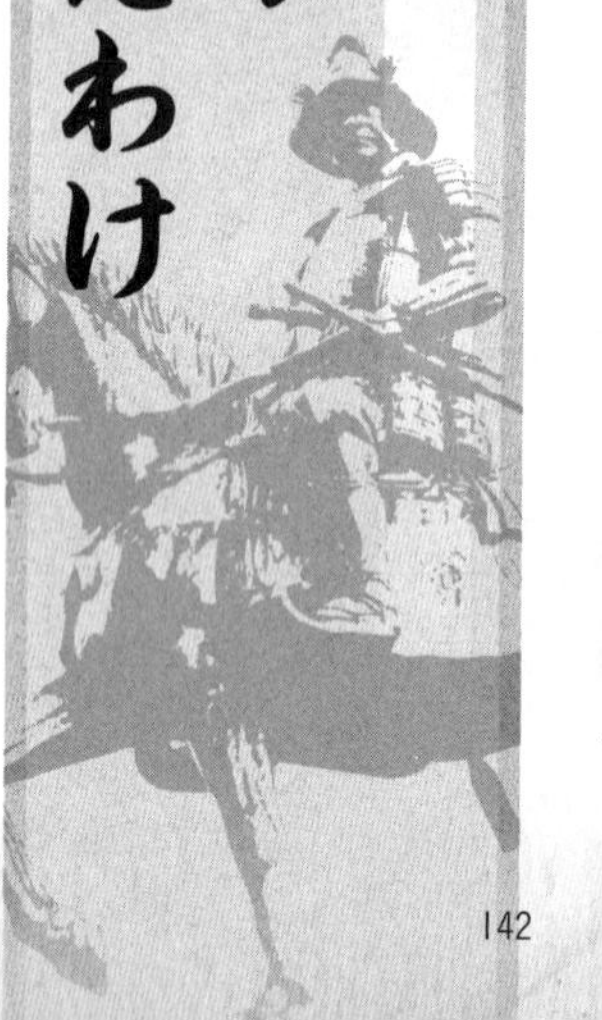

柴田軍もビックリの機動力

織田信長の死を知った羽柴秀吉が、3万もの兵を引き連れながら1日50キロという驚異的なスピードで行軍したとされる〝中国大返し〟。この速すぎるスピードには「信長の死を前もって知っていた」「秀吉本隊だけ先に行軍していた」などの理由が考えられているが、実は秀吉にはこれよりもさらに速いスピードで行軍した記録がある。

それは柴田勝家と天下を争った賤《しず》ヶ《が》岳《だけ》の戦いでの出来事。このとき秀吉は1万5000の兵を引き連れながら、52キロをわずか5時間で駆け抜けたのだ。時速にすると約10キロである。そのスピードの甲斐もあり、秀吉の参陣を予想していなかった柴田軍は混乱状態に陥り、敗走することになった。

握り飯を頬張りながら走った!?

なぜ秀吉はこれほどまでのスピードを実現できたのだろうか？それは、行軍に必要不可欠な兵糧・武器を道中で調達できるようにしたからだった。

秀吉はまず先発隊を賤ヶ岳に向けて出発させ、その道中の村に協力を要請した。恩賞と引き換えに兵糧・武器を準備するように命じたのだ。そして、本隊はろくに荷物も持たずに出発。道中で村人たちから握り飯や松明《たいまつ》をもらい、休まず行軍した結果、恐るべきスピードで戦場まで到達したのだった。敵は織田家家臣時代にも鬼柴田と恐れられた勝家の軍勢である。このスピードがなければ勝敗はわからなかっただろう。

賤ヶ岳の戦い　勢力一覧

羽柴軍		VS	柴田軍	
羽柴秀吉	加藤嘉明		柴田勝家	etc.
丹羽長秀	脇坂安治		前田利家	
大谷吉継	平野長泰		佐久間盛政	
石田三成	糟屋武則		柴田勝政	
福島正則	片桐且元		不破勝光	
加藤清正	etc.		金森長近	

朱印状は誰が作った？

朱印船貿易の考案者は秀吉ではなく家康!?

確実な証拠がない秀吉説

かつて朱印船貿易《しゅいんせんぼうえき》を始めたのは豊臣秀吉といわれていたが、近年の研究では徳川家康の時代からだという説が有力になってきている。なぜなら、秀吉が発行したとされる朱印状は1通も残っていないからだ。また、秀吉が1592年に朱印船制度を始めたという記録は江戸時代中期に書かれた長崎の地誌『長崎実録大成《ながさきじつろくたいせい》』のみ。時代が離れていることもあって信憑性《しんぴょう》はすこぶる低いのだ。

だが、それ以前の時代に秀吉が行なった貿易の記録を考慮に入れると少々話は変わってくる。

海外交易に積極的な秀吉だったが……

秀吉がルソン島長官に宛てた書状に「異日商賈之舟、予押印之一書を持つべし」という一文がある。これは秀吉が押印した書を用いて貿易を行なっていたことを窺わせるものである。また、正確な日時は定かではないが、秀吉の外交顧問を務めていた西笑承《さいしょうじょう》兌《たい》が渡航証の下付を行なっていた事例がある。承兌はのちに家康の朱印状の発給者も務めており、このことから秀吉の時代に家康の朱印状と似た意味を持った渡航許可証があったことを物語っている。

だが、秀吉の時代にこの朱印状という制度がどこまで義務づけられていたかは検討の余地がある。朱印状がなければ海外渡航ができなかったことを示す証拠はない。そうなると「朱印船貿易は秀吉の時代から行なわれていたが、家康の時代のように確立されてはいなかった」と考えるのが自然ではないか。

朱印船
朱印船16世紀末から17世紀初頭にかけて、朱印状（海外渡航許可証）を得て海外交易を行なった船。朱印状を携帯することでポルトガルやオランダ、東南アジア諸国の支配者の保護を受けることができた

切腹させられた戦国時代の大茶人

千利休の切腹は陰謀だったのか!?

秀吉の怒りに触れた利休の行動

安土桃山時代の茶人・千利休。豊臣秀吉の側近として権威を誇っていた彼は、1591年2月に秀吉の勘気《かんき》に触れ追放。そして切腹を命じられる。なぜ、茶人の利休が切腹しなくてはならなかったのか。利休が自分の娘を秀吉の側室に出さなかったこと、大徳寺山門（金毛閣）改修にあたって慢心があったことなどが理由として考えられてきたが、近年になって、新たな説が浮上してきた。利休の切腹の裏には、ある有力武士の陰謀が隠されていたというのだ！

利休にライバル心を燃やす武将

利休は織田信長の時代から茶頭《さどう》として仕え、秀吉にも重用された。次第に彼は茶人としての立場を超え、諸大名と秀吉との間を取り持つ役目も果たすこととなる。当時、利休と同等の役目を担っていた人物はほかにふたり。秀吉の弟・羽柴秀長《ひでなが》、そして石田三成である。三成は政治とは本来関係ない茶人の利休が同じ立場にいることをよく思っていなかった。しかし、利休が秀吉の側近だったため我慢せざるを得なかったのだ。

だが、間を取り持っていた秀長の死により、何とか成り立っていた利休と三成の関係も崩壊。三成は利休と仲の良かった秀長の死を機会に利休を追い落としたのである。

利休は権力争いに必死になる石田三成によって秀吉の勘気に触れるように仕組まれ、切腹を余儀なくされた。彼の死は謎に包まれたままだが、無念な死を遂げたことに変わりはない。

酒の席でのうっかり発言が滅亡をもたらした

天下の大坂城の落城は秀吉の失言が原因!?

三国無双と評された大坂城

羽柴秀吉自慢の名城・大坂城は三重の堀と運河で囲まれた高い防御機能を持つ名城で、建設中に城を訪れた大友宗麟《おおともそうりん》に三国無双と讃《たた》えられたほどであった。

築城が開始されたのは１５８３年。本能寺の変の翌年で、秀吉が天下統一に向けて奔走していた時期にあたる。これだけ大きい城となると完成まで10～15年は要するが、そのとき秀吉はすでに40代半ば、完成時には当主交代も考えられる歳である。そう、この城は自身の居城とするためだけに建てたのではなかった。難攻不落の羽柴一族の権威としての意味もあったのだ。

失言をしっかり覚えていた家康

そんな日本随一の堅城として建てられた大坂城だが、作った秀吉だからこそ思いついた攻略法があった。自慢屋の秀吉は、大坂城に家康らを呼んで酒宴を開いたときにその秘密をばらしてしまったのだ。秀吉は家康らに「この城を攻めるならどう攻める?」と問答を仕掛けた。答えに窮する一同に対し、秀吉は得意気に攻略法を語った。それは外堀を埋めるという条件で和議を申し込み、そのまま内堀も埋めてしまって本丸を裸にするという作戦だった。秀吉は感心する一同を見てご機嫌だったというが、家康はその策をしっかり覚えていた。その証拠に家康は大坂の陣にて、その作戦の通りに大坂城を落とすことに成功している。まさか、酒の席での失言が一家を滅ぼす原因になるとは秀吉も夢にも思わなかったことだろう。

大坂城
1583~98年に完成。本丸・二の丸・三の丸・総構えを擁する堅城である。絵画資料では、天守閣は外観5層で金箔《きんぱく》をふんだんに使った華美な様相で描かれている。2006年、日本の百名城に選定された

空前絶後の残酷な処刑法が選ばれたワケとは？

盗賊・石川五右衛門は秀吉暗殺を計画した!?

謎に包まれた大泥棒の正体

浄瑠璃《じょうるり》や歌舞伎の演題として取り上げられ、伝説の大泥棒と語り継がれる石川五右衛門《いしかわごえもん》。彼が〝釜茹《ゆ》での刑〟に処された話はあまりにも有名である。

五右衛門が活躍したのは豊臣秀吉の時代とされているが、彼について記された史料は少なく、詳細は明らかでない。だが、スペインの貿易商アビラ・ヒロンの『日本王国記』や儒学者・林羅山《はやしらざん》が編纂《へんさん》した『豊臣秀吉譜』には五右衛門の処刑される模様が綴《つづ》られている。五右衛門が実在し、釜茹でにされて殺されたことは事実のようだ。

だが、いくら盗賊だったとはいえ斬首ではなく〝釜茹での刑〟とは刑が重すぎないだろうか。そこで問われるのが五右衛門の正体である。

実は五右衛門、盗賊以外にも暗殺者という顔を持っていた。そしてあろうことか、太閤・秀吉の命を狙っていたというのだ!

五右衛門は秀吉の首を狙っていた!?

江戸時代後期の『丹後旧事記《たんごくじき》』によると、五右衛門の父・石川秀門《ひでかど》は城主だったが、秀吉の命を受けた細川幽斎《ほそかわゆうさい》によって落城させられたという。その父の恨みを晴らすため、五右衛門は秀吉暗殺の機会を狙っていたが、事前にその情報が漏れてしまい処刑された……というのである。

もし罪状が数々の盗みと天下人の暗殺未遂であるならば、五右衛門がこれほどまでにむごい処刑を受けたとしても仕方がないのかもしれない。

秀吉暗殺?をめぐる 人物相関図

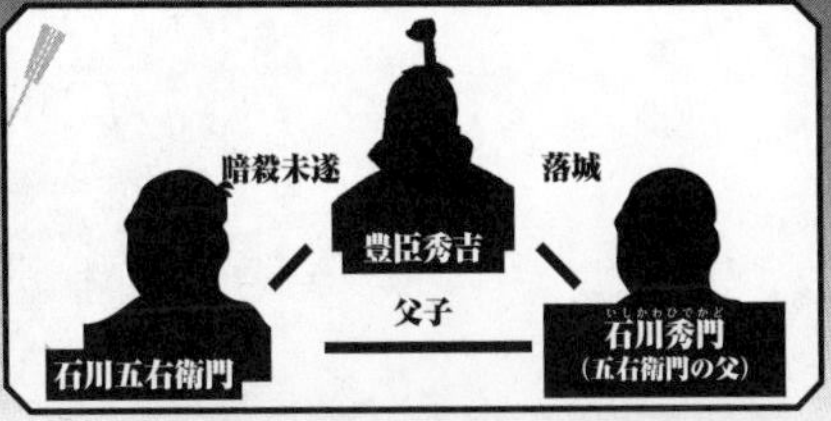

たったひと言で信頼を失った男

失言で秀吉に嫌われた黒田官兵衛

秀吉の下、功績を上げた名参謀

織田信長、豊臣秀吉に仕え、名参謀として重宝された黒田官兵《くろだかんべ》衛《え》。だが、たったひと言の失言が、彼の運命を大きく変える。

信長の下に仕えていた官兵衛は、信長から大いに気に入られ、その後に仕えた秀吉の下でも見事な働きぶりを見せて功績を上げていた。また、信長の重臣であった荒木村重《あらきむらしげ》が謀反を起こした際、捕らえられた官兵衛はそこで片足が不自由になるほどのひどい生活を強いられるが、それでも彼は寝返ることなく、救出後には秀吉の下へ戻ったという。そんな官兵衛の献身的な姿に感銘を受けた秀吉は、彼に絶大な信頼を寄せていた。

誤解された励ましの言葉

だが、これまで築いてきた秀吉からの信頼を官兵衛は自らの言葉で一気に崩してしまう。

その言葉が発されたのは、本能寺の変で信長の死の告知を受けたとき。官兵衛は、主君の死を悲しみ号泣する秀吉に「これで御運が開けますぞ」と声をかけるが、こんなときに主君の死を利用せよという彼の発言はまさにKYだった。「もし官兵衛が勢力を上げればきっと天下を狙うことだろう――」。こう思った秀吉は、これ以降、官兵衛の知謀を恐れるようになったという。主君を励ますために発した言葉が、自らの信頼を一気に失墜させることになった官兵衛。彼はその後いくら功績を立てても評価されることはなく、結局彼が秀吉から与えられたのはたった3万石であったという。

黒田官兵衛の**言葉**

これはお前のためだ。乱心ではない

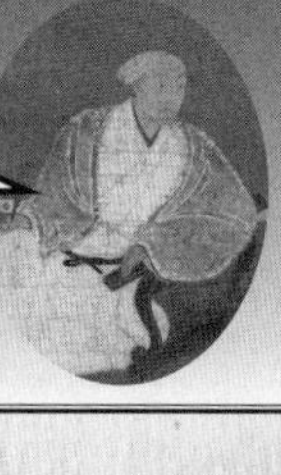

官兵衛は晩年、家臣の心を息子・長政に向けさせるため乱心を演技していた。その本音をこっそり長政に知らせたときの言葉

豊臣の重鎮・利家を支えた賢夫人

まつは夫の利家を尻に敷いていた？

正室として多くの嫡子を産んだ

賢夫人の代表といわれるまつは、夫・前田利家《まえだとしいえ》とは従兄妹《いとこ》同士の間柄であった。４歳で前田家にもらわれると、まつは当時13歳の利家と一緒に育てられる。どこか姉さん女房のイメージが強いまつだが、実際は年下で、この頃は利家の妹のようなポジションだった。彼女が嫁いだのは数え12歳のときである。

その後は正室として、生涯、利家の側にあった。結婚翌年からの二十数年間に２男９女を産む子だくさんで、子に恵まれなかった秀吉などにしてみたら羨《うらや》ましいこと、この上なかっただろう。

誰もが認めるまつの聡明さ

なかなか女性の見せ場が少ない時代、まつの場合は彼女の聡明《そうめい》さを示すエピソードには事欠かない。


柴田勝家とともに秀吉と戦った賤ヶ岳の戦いの折、秀吉は戦線離脱した利家を追って府中《ふちゅう》城に踏み込む。胃の痛む思いで対面のときを待つ利家を尻目に、秀吉が最初に会いに行ったのは台所にいるまつだった。

突然の秀吉の訪問にもまつは動じなかった。丁寧に戦勝祝いを述べる。すると秀吉もさるもので、すかさず合戦が首尾よく運んだのは利家のお陰と話を合わせた。こうして利家はとがめられるどころか、即座に秀吉の旗下に組み込まれることになったのだった。

有名な「醍醐《だいご》の花見」では、まつは秀吉の正室・高台院《こうだいいん》、淀君をはじめとした側室たちに続く6番目の席次を与えられる。この

『前田夫妻』を読む

『利家とまつ』 竹山洋／新潮社

NHK大河ドラマにもなった時代小説。15歳で信長に仕え、戦乱の世を生きた前田利家と、その妻まつの人生を描く。ふたりの関係に関してくわしく書かれており、入門編としてもお勧め

席上、淀君と、同じく側室の松の丸殿《まるどの》が杯の順番を争う騒ぎがあった。この子どもじみた争いの仲裁に入り、ふたりを諫《いさ》めたのもまつである。

夫と前田家のために尽くした一生

小牧《こまき》・長久手《ながくて》の合戦の際、味方の城が寡兵で奮戦しているのに、利家は秀吉から自重を促され援軍を渋っていた。するとまつは、家臣を見殺しにするなと叱咤《しった》する。そして出陣にあたっては、もし城が陥落したら生きて還《かえ》るな。自分も家族とともに自害して果てるからと重臣たちの前で演説、全軍の士気を高めた。

大した女丈夫ぶりで、こうして見ると、相当なかかあ天下で利家を尻に敷いていたようにも思われる。が、彼女の行動論理の中心は、常に利家大事、お家大事であった。利家もそんなことは承知しており、だからこそふたりは長い年月の間に多くの子をなすほど仲睦まじい生活を送ったのだ。まつが利家にとって、得難い伴侶であったことだけは間違いないことである。

三成のはるか上をいった家康の知略

関ヶ原の戦いはなぜ半日で終わった？

わずか6時間で終了した大決戦

1600年9月15日、豊臣秀吉死後の政権をめぐって、戦国史上最大の激戦・関ヶ原の戦いが起きる。

日本全国の大名を徳川派の東軍と反徳川派の西軍に二分し、東西合わせて15万人以上もの大軍が激突したこの合戦は、誰もが長期戦になると予測した。

ところがこの合戦はわずか1日、いや、厳密にいえばたったの6時間で決着がついたのである。「天下分け目の戦い」と呼ばれた大決戦はなぜ、たったの半日で勝敗が決したのだろうか？

家康の見事な作戦勝ち

西軍の石田三成は、大垣城での籠城策を取って東軍を迎え討つ作戦を採ろうとしていた。三成は籠城した西軍を包囲する東軍のさらに外側に籠城兵と後詰《ごづめ》の兵を置くことによって、東軍を挟み撃ちにしようと考えたのである。

それに対し家康は、三成を籠城させないよう関ヶ原におびき出す作戦に出た。家康は野戦が得意な反面、城攻めが苦手だったのだ。そして何よりも、籠城されて長期戦になることを家康は恐れた。畿内に散らばっている西軍が集結する可能性があり、東軍は圧倒的不利な立場に追いやられるのである。

家康の策謀に見事引っかかった三成は、関ヶ原に布陣した末、わずか半日の戦闘で敗北してしまったのである。〝当代一の策謀家〟として知られる徳川家康の、完全なる作戦勝ちだったといえるだろう。

敗軍の将に余生があった？

石田三成は関ヶ原後も生き延びていた？

各地に残る三成生存説

関ヶ原の戦いに敗れた西軍の石田三成は、京都の六条河原《ろくじょうがわら》で斬首されたとされている。ところが、このとき処刑されたのは影武者であり、本当の三成は佐竹義宣《さたけよしのぶ》にかくまわれて秋田に逃れたという説がある。三成は、八幡村《やはたむら》にある帰命寺《きみょうじ》という寺に「知恩院《ちおんいん》から招いた名僧」として住まい、彼を慕う石田軍の残党がひっそりとかの寺を訪れ続けていたとか。その話は自然と幕府の耳にも及び、佐竹家は噂をかき消すために、帰命寺の主僧は入寂《にゅうじゃく》した（亡くなった）と吹聴するのに努めたそうだ。また別の説では、徳川家康の密命によって榊原康政《さかきばらやすまさ》の館林城《たてばやしじょう》にかくまわれていたとの語り伝えもある。

判官びいきは日本人の特質？

さらに、三成自身は処刑されたが、その遺児が各地で生存していたという伝承も諸説ある。たとえば、三成の次男・重成《しげなり》は、関ヶ原敗戦後に大坂城を脱して生き延び、杉山源吾《すぎやまげんご》と改名して津軽家に庇護《ひご》されていた。

また、重成とは別に次女の存在も伝えられており、彼女の孫娘（三成の曾孫《そうそん》にあたる）お振《ふり》の方は徳川3代将軍・家光の側室となった。お振の方は家光との間に女児・千代姫《ちよひめ》をもうけ、三成のDNAは徳川家に入った。

かように三成生存説などが都市伝説のように唱え続けられているのは、敗者に同情する日本人の「判官《ほうがん》びいき」の心情によるところが大きいと考えられる。

〝化けて〟天下を摑《つか》んだ狸親父

徳川家康は自身の系図を書き換えた!?

したたかさは若い頃から

その腹黒さとしたたかさから狸親父《たぬきおやじ》との異名を持つ徳川家康。表面上では〝化けて〟周囲の目を欺きつつ、内心では虎視眈々《こしたんたん》と逆転を狙う。

そんな家康のイメージは老獪《ろうかい》さが身についた晩年からのものだと考えられているが、実は若い頃にも自らの経歴を覆し、大きく〝化けた〟ことがあった。家康は三河《みかわ》の部将の生まれであり、祖先についてはいまいちはっきりしない。だが、彼は源氏の血筋でなければ就任できない征夷大将軍《せいいたいしょうぐん》に就任している。なぜ、そんなことが可能だったのか？　それは家康が若い頃に自分の系図を書き換えていたからだった！

官位を得るため、源氏の氏族に変身

1566年、三河統一を成し遂げた家康は織田信長との同盟を背景に戦国大名への道を歩み出していた。その年の暮れに家康は従五位下《じゅごいのげ》・三河守《みかわのかみ》への官位認定と、松平から徳川への改称を申請した。だが、正親町《おおぎまち》天皇は「先例がないため公家にはできない」とこれを拒否。そこで家康は浄土宗の僧侶を通じて、関白の近衛《このえ》前久《さきひさ》に協力を仰ぐことに。

すると、近衛家の家来であった京都吉田神社の神主が先例として利用できる古い記録を発見した。それは、源氏の新田《にった》氏系の得《とく》川《がわ》氏の流れで藤原氏になった家があったということだった。神主がその場で書き写したものを、前久が清書し、朝廷に提出したところ天皇の許可が下ったという。

知っておきたい用語集

官位

戦国時代から江戸時代にかけて、武士が任官または自称した。朝廷が取り決めるもののほか家康の三河守のように、領国を支配して認定されるケースもある

征夷大将軍

鎌倉時代から江戸時代までは幕府の長という位置づけであり、天皇の勅令によって任命された。基本的には世襲制で、戦国時代は足利家が、江戸時代は徳川家が代々務めていた

鳴くまで待てないホトトギス

ホトトギスの歌は嘘？家康は待つのが嫌い!?

忍耐のイメージとはかけ離れた若年期

天下統一を成し遂げた三英傑について歌ったホトトギスの歌は、誰しも一度は聞いたことがあるだろう。その中で「鳴くまで待とう」と歌われた徳川家康。歌の通りに忍耐強い人物というイメージがある彼だが、実は待つのが嫌いで強情な性格だったのではないかと考えられるエピソードがいくつも存在する。

たとえばそれは、織田・徳川連合軍が武田軍と戦った三方ヶ原の戦い。西上してきた武田軍に対し、家康は野戦か籠城戦かというふたつの選択を迫られた。イメージ通りであれば籠城して機を窺うのだろうが、家康は兵力差を顧みず出撃。相手は精強さで知られる武田軍。家康はものの見事に惨敗を喫し、城まで逃げ帰ることとなる。しかも逃げる道中、馬上でウンコをもらしてしまっている。とことん待てない御人である。

こっちからは決して動きません

また戦国大名として関東を統治するようになってからも、家康はその強情っぷりを見せつけている。天下を統一した豊臣秀吉はなかなか服従の色を見せない家康に何度も上洛を命じるが、一切応じようとしなかった。秀吉が母を人質として差し出したのを見て、家康はやっと重い腰を上げるのだが、これも形式上だけの服従であり、腹の中では虎視眈々と天下を狙っていたとされる。家康にとっての忍耐とは、耐え忍んで待つことではなく、一歩も退かず、動かず、相手をこちらのペースに引き込むテクニックだったのだ。

あの秀吉が折れた!? 家康説得のあらまし

其ノ一
養子として預かっている子を殺すと脅すが、家康の返事は「ご勝手に」

其ノ二
秀吉は自分の妹を正室として差し出すが、家康はただもらうだけ

其ノ三
秀吉が自分の母を人質に出すと、家康はようやく上洛。でも臣従するフリ

天下の家康に歯向かった直江兼続

家康を激怒させた直江状は実在しない？

家康の上洛命令を拒否

直江兼続《なおえかねつぐ》にはさまざまな逸話が残っているが、中でも国内の最大勢力だった徳川家康を激怒させた「直江状」のエピソードは、兼続を語る上で欠かせないものとなっている。

秀吉の死後、家康は親豊臣派を取り込むなどして影響力を強化していった。これに憤慨したのが上杉謙信《うえすぎけんしん》の養子・景勝《かげかつ》。彼は家康に対抗して軍備を増強し、これに伴い部下である兼続も家康に対抗する姿勢を見せるようになっていたのだ。兼続の動きを封じたい家康は景勝らの行動を非難すると同時に上洛を求めるが、兼続は拒否。その後、家康は会津征伐を開始するのだが、そのきっかけとなったのが「直江状」である。兼続は家康に「武器を集めるのは茶碗を集めるようなもの」「上杉を疑う徳川にこそ企《たくら》みがあるのでは」と挑発的な返答で切り返し、家康を大いに怒らせたという。

現存する「直江状」は後世の写し？

ただ、この書状は東京大学附属図書館などに保存されているものの、原本は残っていない。そのためこの出来事は実在しなかったのではとさえ疑われている。実際、兼続が活躍した戦国から江戸の時代は偽書や怪文書が飛び交っており、信憑性には欠けるといわざるを得ない。だが、家康の家臣の日記にも上杉家から書簡が送られ、それに家康が激怒したことは事実として記されている。「直江状」自体の真偽は疑惑が残るが、兼続の度胸が並大抵でなかったことは確かなようだ。

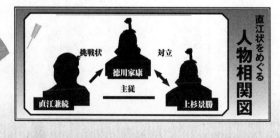

直江状をめぐる 人物相関図

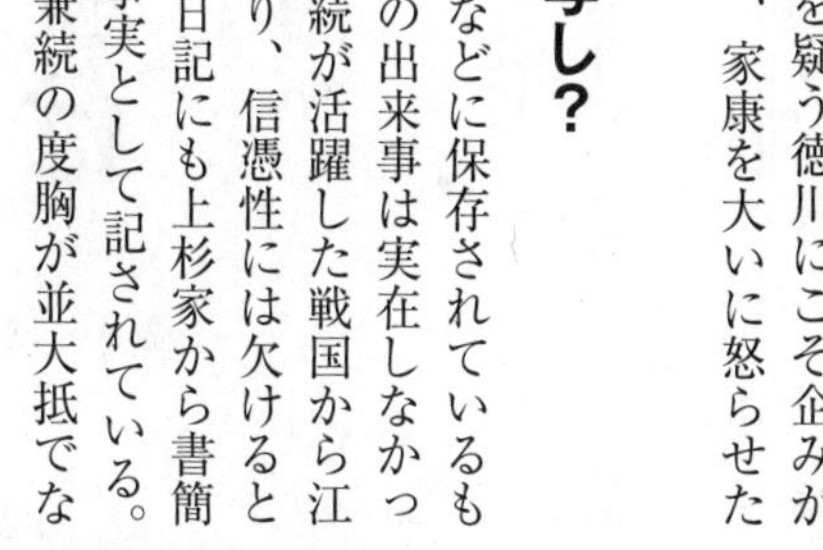

江戸幕府を開いた武将の真の姿とは？

晩年の徳川家康は影武者だった!?

家康は関ヶ原の戦いで死んでいた!?

「徳川家康は関ヶ原の戦いで暗殺されており、以降家康として活躍していたのは家康の〝影武者〟だった」

この奇想天外の異説は有名だ。というのも、隆慶一郎《りゅうけいいちろう》の小説『影武者徳川家康』にて採られた説だからだ。のちに漫画やドラマにもなったこの作品の影響から、「家康＝影武者」説は多くの人の知るところとなった。

隆氏によると、関ヶ原の戦い以降、家康とその息子・秀忠から

諸説語られる
徳川家康の影武者説

其ノ一

桶狭間の戦いの数年後に不慮の死を遂げ、以降は影武者にすり替わる

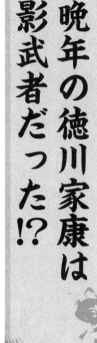

同じ命令が発せられることが多々あったという。これは家康と秀忠が対立していたためであり、その原因が「家康＝影武者」だったことにあるというのだ。また、家康が60歳を過ぎてから多くの子を残している点も疑わしいという。さらに、〝入れ替わり〟の時期は異なるものの、家康は影武者だったとする説はほかにも存在する。

「家康＝影武者」を提唱する諸説

ひとつは『駿府政事録《すんぷせいじろく》』に記載された「幼少のとき、又右衛門《またえもん》なる者に銭五百貫をもって売られ、9歳のときから18～19歳まで駿府にいた」という家康のセリフに端を発する。つまり、「又右衛門なる者に銭五百貫をもって売られ」た誰かが家康と入れ替わったと考えられるのだ。もうひとつは、家康は大坂夏の陣で戦死し、その後1年間は小笠原秀政《おがさわらひでまさ》が家康を演じたというもの。根拠は秀政が夏の陣で死んだとされたことにあるという。〝家康〟は何人存在しているのか、謎は尽きない。

其ノ二

信長と戦うべく尾張《おわり》へ侵攻中、阿部正豊に暗殺され、すり替わる

其ノ三

関ヶ原の戦いで暗殺され、以降は世良田《せらた》次郎三郎とすり替わる

其ノ四

大坂夏の陣で戦死。その後1年間は小笠原秀政が家康を演じる

毛利家を支えた元就の孫の活躍

毛利家〝三矢の訓〟は3本ではなかった!?

元就が後世に残した教訓状

毛利元就《もとなり》が臨終間際に残した〝三矢《みつや》の訓《おしえ》〟。これは元就が3人の息子の絆を3本の矢に見立てたもので、今も有名な逸話として語り継がれている。だが、実はこの話には大きな矛盾が存在し、元就が亡くなった1571年、長男・隆元《たかもと》はすでに死亡していたのだ。元就は59歳のときに教訓状を与えたことがあり、その中に「3人の仲が悪くなれば毛利家は滅亡する」という文章が書かれており、その教訓状が後年に脚色され〝三矢の訓〟になったといわれている。

秀吉を救った4本目の矢・秀元

そんな元就は男女12人ずつの子をもうけており、そのうちの四男・元清《もときよ》の子である秀元《ひでもと》は〝毛利4本目の矢〟といえるほどの功績を残している。実は秀元は豊臣秀吉の命を救ったことがあるのだ。文禄《ぶんろく》の役で名護屋《なごや》に出陣していた秀吉が京都に戻る途中、船が突然衝突事故を起こす。秀吉は海へ投げ出されるが、それを助けたのが秀元だった。

その頃、秀吉は本能寺の変で和平を結んだままの毛利氏をいつか攻め落とそうと考えていたが、その一族に命を救われ、考えを改めるようになった。もし、この一連の出来事がなければ、秀吉が死んでいたか、毛利家は豊臣家に潰《つぶ》されていたことだろう。毛利家に伝わる〝三矢の訓〟。まるで毛利家を支えたのは3人の息子、と思われがちだが、孫である秀元の活躍があったことを忘れてはならない。

実直な精神で大物たちはメロメロ

直江兼続は天下一の世渡り上手!?

主君に尽くすためには努力が必要

直江兼続といえば、幼《おさな》馴染《なじみ》であった上杉景勝にとことん尽くし、自国を守るために主君の右腕として活躍した武将として有名である。しかし、戦国時代において己の主君や国の利益だけを考えてそればかりに専心していては、絶対に生き残ることなどできない。力のある大名と手を組み、取り入り気に入られる努力もまた、武将の素養として必要不可欠なものであった。その点で兼続の行動には注目に値するものがある。彼流の世渡り術をくわしく見ていこう。

秀吉も家康も認めた兼続の魅力とは

兼続の信念といえば「忠孝」であり、常に「義」を重んじていたことがよく知られているが、それゆえに豊臣家から何とか覇権を奪おうとする徳川家康を、「不忠」「不義」と考えていた。そして家康の上洛要請を無視し、武力を貯《たくわ》え、それを糾弾されると「直江状」を送りつけて家康を激怒させてしまう。

その後、関ヶ原の戦いで以前から親交もあった石田三成率いる西軍に味方をし、西軍が負けると、兼続は死を覚悟する。ただ主君の景勝の命だけは守ろうと上洛し、家康の面前で「責任はすべて自分にあり、景勝は何も悪くない」ことを主張する。

するとかつて自分を愚弄《ぐろう》した兼続を真の武士であると認めて、家康は許してしまう。その後、鷹狩りの獲物をわざわざ送ってくるほど、家康は兼続を気に入ってしまったのだ。そしてその結果として、減封《げんぽう》にこそなったものの米沢《よねざわ》の地で上杉家再興のチャンスを与えられたのである。秀吉に「最高の武将」と言わしめた兼続の渡世術とは、策を弄さず自らの信念に基づいて筋を通すということ、それに尽きるのであった。

直江兼続のやたら怖い話

筋を通すことに重きを置いた兼続だったからこそ、こんなエピソードもある。

家臣が茶坊主を無礼討ちにし、兼続の下に遺族が嘆願しにやってきた際、何を言っても遺族は「殺された家族を返してくれ」と言い続けた。すると兼続は「そなたたちの願いを聞き入れよう。ただ死者を生き返らせるには閻魔《えんま》大王にお願いする必要があるので行ってきなさい」と答えた。そして遺族の首を落とし「閻魔大王様。使いを出すので死人を返してください」という嘆願書を書いたというのだ。

筋を通し、見せしめ効果も利用して民をまとめるこのやり方も、兼続流渡世術であるといえるだろう。

身分の高い大名にも容赦なし

自らの信念を貫き通す兼続に、嫌われてしまった大名がいる。独眼竜と呼ばれた、奥羽きっての戦国大名・伊達政宗《だてまさむね》である。政宗は派手好き、かつ見栄っ張りで、妻は側室を含めて10人近くいたという。真面目で生涯ひとりの妻を愛した兼続は、反りが合わなかったのか、政宗のことを徹底的に嫌っていたという。

あるとき、江戸城で政宗とすれ違った兼続は、身分が高い政宗に対して会釈すらしなかったという。政宗がこれに怒ると、兼続は冷静に「これはご無礼いたしました。これまで私は中納言殿とは戦場で相まみえる間柄だったゆえ、戦場から逃げていく後ろ姿しか拝見したことがなく、お顔を存じ上げませんでした」と答えたという。

なんという無礼な発言だろうか。自分より身分の高い人物にここまで嫌悪感を明らかにできるのは、信念を貫き通す兼続らしいといえる。

第1章 幕末・維新
第2章 戦国
第3章 江戸
第4章 古代
第5章 中世
第6章 近現代

権力のままに部下を手荒く使った末に……

ストライキを起こされ失脚した服部半蔵

部下の反逆に遭い、リストラへ

伊賀《いが》忍者の代表的存在として知られる服部半蔵《はっとりはんぞう》。名はそのまま5代にわたって受け継がれたのだが、ここで紹介するのは3代目の服部半蔵のことである。

3代目の半蔵は父親の死後、伊賀同心200人をそのまま受け継いだ。といってもあくまでも徳川家から指揮権を任されただけにすぎなかった。だがボンボン育ちで世間知らずの半蔵は、彼らに自分の家の壁塗りをさせたり、自分の命令に逆らう者がいれば給料を差し引いたりと、権力をかさにやりたい放題。その結果、伊賀同心200人とその家族、総勢1000人から2ヵ月にわたって寺に立て籠もるという大規模なストライキを起こされてしまったのである。そのため、半蔵は幕府から謹慎処分を喰《く》らうこととなった。

名誉挽回を図るが行方をくらまし……

部下の反逆に怒り心頭の半蔵は、ストライキの首謀者10名に死罪を通達。そのうち2名が逃亡するが、うち1名を見つけ出し斬殺してしまう。しかし、この斬り殺された人物がまったくの人違いだったのだ！　結局これが原因で半蔵は幕府からリストラされ、職を失ってしまった。その後、半蔵は名誉挽回《ばんかい》を狙い大坂《おおさか》の陣《じん》に参加するものの行方不明に。一説では、戦場から逃亡して75歳まで農民として生き続けたとか。

部下を手荒く扱ったために、職も部下も失ってしまった半蔵。彼が寂しい晩年を過ごしたのは必然だったのかもしれない。

半蔵への解任要求騒ぎ

其ノ一
父の死去により、〝服部半蔵〟の名と伊賀同心200人の支配を継ぐことに

其ノ二
徳川家から指揮権を譲られたにすぎない伊賀同心を、自分の家臣であるかのようにこき使う

其ノ三
半蔵の勝手ぶりに伊賀同心は反発。寺に長期間にわたって立て籠もり、その解任を要求する

後北条5代を見続けた唯一の人物

97歳の最長寿武将 多趣味・多才な幻庵宗哲

長生きのカギは〝生涯学習〟

北条早雲《ほうじょうそううん》の四男として生まれた幻庵宗哲は、もっとも長生きした戦国武将として知られている。享年はなんと97！　信長が「人生50年」と謡い、数々の名将が合戦で夢破れていった戦国時代においては、まさに驚くべき長命であるといわざるを得ない。

その長寿の秘訣《ひけつ》はどこにあったのだろうか。肉体的に健康であったことはもちろんだろうが、彼が日頃から多くの教養を身につけていたことを指摘する声もある。幻庵宗哲は戦国武将としての武術だけでなく、多彩な学問、和歌や茶道、造園などにも通じた文化人だった。このような積極的に物事を学ぶ姿勢が晩年になってからの精神面の健康を支え、ボケ防止ひいては長寿につながったのではないか、というわけだ。

父の教えで文化人になる

幻庵宗哲が教養豊かな武将になったのには、父・早雲の教えによるところが大きく、常日頃から「これからの時代、武家は学問が大事だ」と説いていたという。このとき早雲はすでに60歳を過ぎており、武家社会の何たるかを彼なりに悟っていた時期だろう。幻庵宗哲はそんな父の教えをしっかりと受け継いだのだ。また、幼少期には箱根や京都で僧としての修行も積んでいることから、規則正しい生活習慣も身につけていたと思われる。

現在、神奈川県箱根町の箱根湯本駅近くに、幻庵宗哲が造園を手がけた早雲寺が残されている。訪れれば、彼の長寿と教養にあやかれるかもしれない。

戦国ギネス級!? 長寿武将大集合

三好政勝

「三好清海《せいかい》入道」として知られる三好政康の弟。大坂の陣にも参戦。享年96

真田信之

猛将・真田幸村の兄。類いまれな知謀と政治力で真田家を支える。享年93

龍造寺家兼

戦国黎明《れいめい》期の武将。少弐《しょうに》氏の筆頭家臣として名を馳せた。享年93

第3章
江戸

夫の愛妾を殺害した大奥の支配者・春日局

憎らしいあまり、夫の愛妾を殺害

春日局といえば、3代将軍・徳川家光の乳母《うば》を務め、大奥の礎《いしずえ》を築いた人物として有名である。そんな経歴に負けじと、性格も強く激しいものだったようだ。

春日局は名を阿福《おふく》といった。明智光秀の重臣・斎藤利三《さいとうとしみつ》の娘であったことが災いし、世間の風は冷たかったという。そんな悪評を払拭《ふっしょく》するため、阿福は17歳のときに小早川秀秋《こばやかわひであき》の家臣である稲葉正成《いなばまさなり》の下に嫁ぐ。これで幸せな生活を送れると思いきや、正成は女癖が悪

く、浮気してばかり。阿福が烈女として目覚めたのはこのときだった。1604年、突如として正成の愛妾《あいしょう》を刺殺し、子どもを連れて出奔《しゅっぽん》してしまったのだ。

次期将軍の乳母という栄えある地位

正成の下を離れた阿福は、京都所司代《きょうとしょしだい》が江戸城で乳母を募集していることを知り、早速面接を受けることに。教養があることや過酷な人生を送ってきたたくましさが評価され、見事合格、大奥入りを果たす。

阿福は乳母として竹千代《たけちよ》（後の家光）に愛情を注いだ。次期将軍の乳母、それはこれまでの人生では考えられない地位だった。

だがそんな中、竹千代の弟・国松《くにまつ》が生まれる。将軍・徳川秀忠は国松をたいそうかわいがり、次期将軍の地位を譲るとまで噂された。これはまずい、と感じた阿福は実力行使に出る。駿府《すんぷ》城に向かい、徳川家康に直訴《じきそ》したのだ。それからほどなく、家康の口から竹千代を後継者にという指示が下った。阿福の作戦は見事成功

春日局のトリビア

乳母は口出し禁止！

大奥に伝わる慣習のひとつとして、乳母が覆面をして授乳するというものがあるが、これは春日局のような権力を持つ乳母が今後現れないようにと取られた対策だという説もある

を収めたのである。

大奥最強の女、降臨！

竹千代が3代将軍・家光として将軍職に就くと、阿福も春日局と名を改め、江戸城内で権力を振るうようになった。家光には早くから正室の鷹司孝子《たかつかさたかこ》がいたが、ふたりの仲は非常に険悪であり、家光は春日局の言うことしか聞かなかった。男色傾向にあった家光が女に目覚めることができたのも、春日局が率先して側室を連れてきたためだといわれ、もはや大奥内で春日局に反抗できる者は誰ひとりとしていなかった。

一方、跡継ぎ争いに敗れた国松は徳川忠長《ただなが》として駿府ほか55万石を領有していたが、さまざまな奇行により1631年、甲斐国《かい》に飛ばされた。さらに甲斐国も没収され、上野《こうずけ》の高崎《たかさき》城に移された翌年、忠長は自害。この騒動も春日局が画策していたのだといわれる。

その後、春日局は1643年に死去。権謀術数《けんぼうじゅっすう》に明け暮れた波《は》瀾《らん》の人生であった。

「女だらけの領域」大奥での生活ぶり

〝お嬢様〟な篤姫だが実はかなりの床上手!?

大奥入りの前の〝お姫様教育〟

2008年のNHK大河ドラマ『篤姫』で主人公として描かれ、大いに注目を浴びた天璋院篤姫。彼女の暮らしぶりはいかがなものだったのだろう。

薩摩藩主・島津斉彬の養女となった篤姫はいずれ御台所《みだいどころ》になるという立場から、輿入《こしい》れ前に薩摩の鶴丸城で徹底的に〝お姫様教育〟を受けたといわれている。

篤姫はそこで島津家そして徳川家の歴史をはじめ、大奥でのしき

たりや行儀作法を学んだ。しかし、そこでの生活はトイレに行くにも女中があとをついてくるなど、とても自由と呼べるものではなく、篤姫にとっては大変厳しい毎日だったという。

世継ぎのため……教え込まれた性教育

厳しい教育は〝性教育〟でも同じだった。篤姫には〝世継ぎをもうける〟という重要な役割があったのだ。男女の秘戯(=性行為)を描いた〝枕絵《まくらえ》〟を使い、彼女は徹底した性教育を受けたという。

しかし、実際に篤姫が送り込まれた13代将軍・徳川家定《いえさだ》は性的不能だったため、子を作ることはできなかった。もし、それを周囲が知っていて子作りが難しい家定との間に世継ぎをもうけろと篤姫を送り込んだのであれば、なんともむごい話である。

だが当時は親の言うことは絶対。いずれ大奥へ入ることへの心構えということもあり、篤姫は〝大奥教育〟に対して決して弱音を吐くことはなかったという。

それでは、大奥に入ったあとの生活はどうだったのだろうか。彼女の生活はだいたい朝7時頃の起床から始まったというが、彼女は係の者に起こされる前に必ず自分で起きていたという。

また、起床後には欠かさず朝湯に入っていた。当時は1日おきに入浴することが当たり前だったので、篤姫のように毎日風呂に入るというのはかなり珍しかったようである。さらに、篤姫は1日に5回も着替えをしていたというから、彼女が相当なキレイ好きだったことが窺える。

篤姫の持つ強い精神力

しかし、篤姫は大奥で自由気ままな生活を送れていたわけではない。大奥には厳しいしきたりに加え、〝女だけの領域〟というだけあって嫁姑間の確執や奥女中のいじめなど、違った意味での厳しさもあった。

それでも彼女が大奥での生活を生き抜けたのは、輿入れ前の徹底した教育に加え、何よりも彼女自身に芯の強さがあったからだといえるだろう。

春日局のスカウト大作戦

美少年好きの家光が世継ぎをもうけた舞台裏

家光は同性愛者だった？

明治維新以降、キリスト教的な価値観が広まるまで、衆道《しゅどう》——すなわち男色は広く一般的であった。古くは空海の時代から平安、鎌倉・室町、戦国、そして江戸と長らく続くたしなみのひとつだった。

織田信長と森蘭丸《もりらんまる》、武田信玄と高坂昌信《こうさかまさのぶ》など、戦国時代は特にお盛んだったようだ。そして、その「たしなみ」は、将軍家も例外ではなかった。可能性が高いとされているのが、誰あろう3代

将軍・家光である。

なぜ家光は同性愛に走ったのか？　その答えは春日局にある。彼女があまりにベッタリ世話を焼いたため、女性への興味を失ってしまったのだ。

それでも、将軍である以上は世継ぎをもうけなければならない。そのため、たとえ本人が望んでいないとしても、正室としてやんごとなき身分の女性を娶《めと》ることになる。彼女の名前は鷹司孝子。父は内大臣、左大臣、関白などを歴任した鷹司信房《のぶふさ》である。ところがというか、案の定というか、嫁不足の離島の青年にとっては夢のような話でも、家光にとってこの婚姻は迷惑以外の何物でもなかったようだ。

正室への非情な仕打ち

もちろん、実質上の夫婦関係は一切なかったといわれている。孝子は結婚してすぐに大奥から追放され、別宅での軟禁生活を強いられた。さらに、家光が死去した際も、形見は金50両と茶道具数点のみ。何もそこまで、と思うほどにひどい扱いである。

そんな家光に寵愛《ちょうあい》された重臣の代表格が堀田正盛《ほったまさもり》だ。もともと関ヶ原の戦い後に徳川家に臣従した堀田家だったが、継祖母《まま》である春日局の取りなしで家光の近習《きんじゅ》にとり立てられた正盛は、譜代《ふだい》大名の仲間入りを果たしている。家光が死去した際、同じく寵愛を受けていた阿部重次《あべしげつぐ》とともに殉死《じゅんし》したことからも、家光とのつながりは相当強かったと考えられる。

心変わりの相手には厳しい制裁

酒井重澄《さかいしげずみ》もまた、家光の寵愛を受けた人物である。ところが彼は病気療養中に子どもを4人ももうけてしまった。当然、それを知った家光が黙っているはずもない。問答無用で改易処分を受けた重澄は、1642年に食を断って亡くなった。実に恐ろしきは男の嫉妬《しっと》である。とまあ、そんな状況だからして、世継ぎが産まれる気配がない。責任を感じた春日局の側室探しは、こうして始まったのである。

胸をなで下ろした春日局

家光も別に、女が抱けないわけではない。がしかし、珍しく女性に興味を持っても、相手が無理やり還俗《げんぞく》させた尼僧《にそう》だったりするものだから、春日局の心中や察するにあまりある。筋金入りの同性愛者である家光のお眼鏡に適《かな》う女性を探すのは、さぞや大変だったことだろう。

それでも、男装して近づいたとされるお振《ふり》の方が千代姫を産んでからは家光も側室を寵愛するようになったという。そして、ついにお楽《らく》の方が家綱を出産する。

お楽の方は彼女の継父が営む浅草の古着屋の店先にいるときに春日局にスカウトされて大奥入り。そこで家光の手がついて側室になったという人である。

家光は中年になって初めて世継ぎを得たことに狂喜したというが、きっと春日局は喜ぶよりも先に胸をなで下ろしたに違いない。

徳川家光のトリビア

正室の子は家光ただひとり！

将軍の正室から生まれた子が将軍になったのは、意外にも家光ただひとり。家康を除く将軍 14 名中、側室の子が 7 名、養子が 6 名という内訳になっている

家綱のいい加減な答えで次期将軍が決定

5代将軍綱吉はテキトーに選ばれた!?

次期将軍をめぐる協議

1680年、4代将軍・徳川家綱《いえつな》が体調を崩し、回復の兆しが見られぬ状態になる。そこで次期将軍をめぐり、大老の酒井《さかい》忠清《ただきよ》、御三家、老中が集まって協議がなされた。忠清は「鎌倉幕府の先例に倣って京都から有栖川宮幸仁《ゆきひと》親王を迎えて将軍に立てたい」と主張。これに対して、老中の堀田正俊は「徳川の血を引く方がいるのに京都から迎えるには及ばない」と反対した。

忠清が有栖川宮を担ぎ出したのは、宮を傀儡《かいらい》として権力の維持を図ろうとしたと思われる。正俊がこれに反対したのは、綱吉《つなよし》を擁して幕政に新風を吹き込もうとしたからである。

「左様せい」で将軍が決定！

権力を有する忠清は着々と宮将軍実現へ動いていた。そこで正俊は密かに病床の家綱の下へ綱吉を導き、綱吉の将軍相続を決定させたのである。以前から家綱は「左様せい様」とあだ名されるほど、政治には無関心で幕閣に任せっきりだった。正俊が綱吉を連れて訪れたときも朦朧《もうろう》とする中、口癖となっている口調で「左様せい」と正俊の進言を受け入れたのである。将軍の承認を得られては、いかに権勢を誇る忠清であっても逆転は不可能だ。綱吉が将軍職に就くと、忠清は即座に大老職を追われた。そして、綱吉の側近として実権を握ったのは家綱の晩年に老中に就任したばかりの正俊だった。もちろん、将軍相続を決めた起死回生の策を高く評価された結果である。

彼が悪法「生類憐みの令」を公布したとは思えない！

幼少時代は賢かった！学問を履き違えた綱吉

教育ママに尻を叩かれ成長

5代将軍・徳川綱吉の母桂昌院《けいしょういん》は、京都堀川通西薮屋町・八百《やお》屋《や》仁右衛門《にええもん》の娘で、3代将軍・家光の愛妾・お万の方の腰元として江戸城に上がった。おきゃんな町民っぽさが家光には新鮮だったようで、すぐに手がついて中臈《ちゅうろう》となり綱吉を産んだ。まさに、江戸のシンデレラだ。ちなみに幕府の公的記録である『玉輿記』には、〝高貴な名門出身のお嬢サマ〟と紹介されている。

かねてより、父・家光は桂昌院に「綱吉は生まれつき賢い。よい

師について聖賢の道（儒学）を学ばせれば役に立つ者になるだろう」と学問を勧めていた。そのため、桂昌院は綱吉の尻を叩いては勉強させるという教育ママになった。一方、母親想いの綱吉は桂昌院の期待に応えようと学問に熱中した結果、長足の進歩を遂げたのである。彼は儒学の勉強に励み、病床にあっても書物を離さなかったという。

すべてがパーフェクトだった綱吉

20歳頃になると、綱吉は自ら経書《けいしょ》を家臣らに講じてみせるほどの実力をつけていた。また、祖先を崇拝する姿勢は並大抵ではなく、祖先の命日などには「孝経」を繰り返し暗唱したとか。さらに、母・桂昌院への孝養の尽くし方は格別で、自ら母の食事の配膳を務めるほどだったという。

ところが将軍職に就いて7年後、綱吉は「生類憐みの令」を公布し、風紀を乱してしまう。どこかで彼は、学問を履き違えてしまったようである。

知っておきたい用語

湯島聖堂

儒教を究めた綱吉は、聖堂を上野から湯島に移転してその大成殿に孔子を祀《まつ》った。これが湯島聖堂のはじまりである。現在では、合格祈願に参拝する受験生が数多く見られる

実録!!　戦国鬼嫁ここにあり

将軍の浮気を禁止した天下一の恐妻・お江与

一見穏やかな結婚生活のようだが……

織田信長の妹でありながら、のちに対立する浅井家に嫁ぎ、結果的に浅井家を滅ぼしてしまったお市の方。嫁スパイの異名を取る彼女と浅井長政の間に生まれたお江与《えよ》（小督《おごう》）は母のたくましさを受け継ぎながら、なかなかに乱暴な性格の持ち主だったといわれている。

豊臣秀吉に姉たちとともに養われていたお江与《えよ》は、秀吉の外交戦略の一環として、家康の息子である秀忠に嫁ぐことになる。だがその後、秀吉と家康の対立が決定的なものとなり、ついに豊臣家が滅亡。家康の天下となってしまう。政略結婚で秀忠の下に嫁いだお江与だったが、2男5女をもうけるなど、その夫婦仲に一見問題はなかったように見える。

スゴい女は子育てもヤバい!!

お江与夫婦の内情はひどいものだったという。お江与は6歳下の秀忠に側室を置くことを許さなかったため、秀忠は鬼嫁から逃げるように外で浮気に勤《いそ》しんでいたのだ。恵まれた夫婦生活を冷戦状態に変えたのは、お江与の歪んだ性格にほかならなかった。

その後、子どもが生まれ、母となってもお江与の性格は和らぐどころか、エスカレートしていった。2男である忠長は不義密通の子で、お江与が必要以上に溺愛したため、結果的に残忍な性格を持った人物に育ってしまったとする説もある。その性格が災いし、結局将軍にはなれなかったが、子育てにすらお江与の傍若無人さを垣間見ることができるというわけである。

これぞ究極形態!?　女の恨み節

執念深き女・亀姫 恨みの果てには何が!?

悪女に睨まれた不運な男・正純

徳川家康の正妻の築山殿《つきやまどの》に負けず劣らず鼻っ柱が強かったといわれる娘の亀姫《かめひめ》にも、なかなかの逸話がそろっている。たとえば、宇都宮《うつのみや》から古河《こが》へ移る際の話。新しい土地に移る場合、原則として家財と奉公人以外のものは元の土地に置いていくものである。

だが、一度自分のものになったのに……と考えた亀姫は、庭木一本に至るまで、すべてを持っていこうとしたのである。

しかし、宇都宮を与えられていた本多正純《ほんだまさずみ》はその企てを知って憤り、関所を設けてこれを阻止した。亀姫の異常なまでの物への執着を物語るエピソードだが、この一件で、正純は亀姫の恨みを買ってしまう。

告げ口で失脚してしまう男の顚末《てんまつ》

その結果として亀姫は、正純に関する以下のような内容を、ときの権力者である秀忠に密告した。

①本多正純は幕府に無断で鉄砲を多数鋳造して、宇都宮城に密かに運び入れた。②秀忠の宿舎である御成御殿《おなりごてん》に妙な構造がある。③その普請《ふしん》に携わった足軽同心たちのうちで、その後、斬殺された者が少なくないのは、正純があらかじめ口を封じようとしたためではないか。④宇都宮城二の丸と三の丸の修築許可を求めながら、石垣をも改築したのはどういうわけか。

これを聞いた秀忠はすぐさま、正純の15万石から1000石への減封を決定してしまう。亀姫の恨みを買ってのこの仕打ち。いと恐ろしやである。

亀姫の言葉

この発言がもとで、正純は失脚することになる。いわゆる「釣天井《つりてんじょう》事件」と呼ばれるが、事実無根だったという

落胤と詐称したために獄門となった男

今も語り継がれる吉宗の隠し子事件

法螺《ほら》貝ではなく大ボラを吹いた山伏

江戸時代中期、天一坊《てんいちぼう》事件と呼ばれる詐欺事件が起きた。〝天一坊〟と名乗る男・山伏《やまぶし》が「将軍吉宗の落胤《らくいん》である」と身分を詐称して町人から金品を巻き上げたのである。

天一坊が言うには、母から「城へ奉公に行ったときに身籠《ごも》った子どもだ」「吉の字を大切にせよ」「お前の生まれは尊いものだ」などと言われながら育てられたという。自分を吉宗《よしむね》の落胤であるとすっかり信じた天一坊は、父に会いに江戸に赴く。一方、数々の火遊びをしてきた8代将軍・徳川吉宗は隠し子の存在を否定できず、解決には時間を要した。しかし、立証する証拠が見つかることはなく、彼は世間を惑わせた詐欺師として処刑されたのである。

後世まで語り継がれる名裁き？

この天一坊の嘘を見破ったのは、名奉行で有名な大岡越前守《おおおかえちぜんのかみ》忠相《ただすけ》とされている。この話は江戸後期の講談師によって広まり、大評判となった。のちに大岡越前の名裁きとして歌舞伎や映画、小説の題材となり、さまざまに脚色を加えられて上演されている。

フィクションとしての天一坊事件は、彼を身分詐称だけでなく、自分の嘘に信憑性を持たせるために殺人まで犯した大悪人として描かれている。

しかし、実際は大岡越前は関係しておらず、勘定奉行稲生下野守《いのうしもつけのかみ》正武《まさたけ》が裁きを行なったという説が有力となっている。

吉宗の御落胤!? 天一坊事件のあらまし

其ノ一
関東郡代伊奈半左衛門が「吉宗の落胤と称する者がいる」という噂を聞く

其ノ二
伊奈半左衛門の報告を聞いた吉宗は「覚えがある」として詮議させる

其ノ三
公方様《くぼう》の御落胤を騙《かた》ったとして、天一坊は死罪の上、獄門となる

母親似の大きな女性が好みでした

精力絶倫！ 吉宗は夜も暴れん坊将軍!?

暴れん坊将軍はブス専だった！

享保《きょうほう》の改革で自らにも倹約生活を課していた8代将軍・徳川吉宗だが、夜はかなりの発展家だったらしい。身長１８０センチ以上の大男らしく、精力絶倫《ぜつりん》。しかも女性なら美醜は問わなかったというから恐れ入る。こんなところでも質素が基本というわけだ。

それでも一応好みはあったらしく、母に似た大柄な女性がタイプだったようだ。とはいえ、吉宗の母親といえば、ブスで有名なお由《ゆ》利《り》の方。どちらかというと彼はブス専だったのかもしれない。

前将軍の生母を虜に……！

吉宗と関係を持っていたとされる人物のひとりに、月光院がいる。7代将軍・家継《いえつぐ》の生母である。6代将軍・家宣《いえのぶ》の正妻・天英院と対立していた彼女にとって、家継の後継者探しは至上命題だった。そこで目をつけたのが、病弱な家継とは正反対の魅力を持つ性豪・吉宗だったのだ。

一般的に吉宗を将軍に推《お》したのは天英院だったといわれるが、実は吉宗と月光院は恋仲であり、月光院が吉宗を推薦したという説もある。

その説によると、質実剛健な（と思われる）性技の虜《とりこ》となった月光院は、間部詮房《まなべあきふさ》とともに吉宗を猛プッシュしたという。その甲斐あって、紀州藩の財政再建を実績として引っさげた吉宗が8代将軍となったのである。

また、大奥で権力闘争を繰り広げていた月光院は絵島《えじま》事件で失脚するが、将軍の座に就いた吉宗に言い寄り、大奥での自らの地

大奥のトリビア

大奥出身者は得

将軍の世継ぎが目的ではなく、料理や力仕事が専門だった御目見え以下の女中の多くは町民出身だった。大奥で働いた女は、大奥から出ると元御殿女中として良い結婚先に恵まれたという

位を確保し続けたともいわれている。

大叔母ともしっぽり!

もうひとり、将軍家にまつわる女性で吉宗と関係があったと噂される人物がいる。5代将軍・綱吉の養女・竹姫だ。養女として迎えられたのと同じ年、1708年に竹姫に縁談が持ち上がる。お相手は会津藩主・松平正容《まつだいらまさかた》の嫡子・久千代だ。だが婚約してすぐ、久千代が亡くなり、話は水に流れてしまった。

さらに、ふたたび婚約した有栖川宮正仁《ただひと》親王も入輿《じゅよ》を目前に死去。婚家探しが難航する中、彼女の前に現れたのが、吉宗である。ただひとつ、ふたりが結ばれるのにはネックがあった。竹姫は吉宗にとって大叔母にあたるのだ。

結局、吉宗は彼女を養女として引き取った。数年後、竹姫は薩摩藩主と結ばれたが、隠居して薩摩に戻った夫にはついていかなかったという。

よってたかって撲殺《ぼくさつ》された佐々木小次郎

武蔵と小次郎は本当に戦ったのか？

佐々木小次郎は架空の人物？

1612年4月13日、山口県・巌流島《がんりゅうじま》で宮本武蔵《みやもとむさし》と佐々木小《ささきこ》次郎《じろう》は対峙した。だが、この決闘は存在自体が疑問視されており、小次郎の素性《すじょう》も定かではない。

伝記『二天記』によると、小次郎は中条流の使い手・富田勢源《とだせいげん》の弟子だったという。当時、多くの兵法家は「扱いやすい」という理由で2尺3寸ほどの刀を使ったのだが、小次郎は一般的な刀より長い3尺ほどの大太刀を用いた。「物干竿《ものほしざお》」だ。かの有名な巌流島での決闘についてだが、実際問題として信用できる史料からその有無を確認することはできない。しかも、その経緯については諸説あるのだ。

「巌流島の決闘」の別伝とは……

一対一の真剣勝負で行なわれたというこの決闘だが、驚くなかれ、武蔵はその約束を破って弟子を数人連れてきたという説がある。決闘自体は一対一で行なわれ、小次郎が敗北。気絶した彼を、何と岩陰に潜んでいた武蔵の弟子たちが大勢で打ち殺したというのだ。また決闘時の小次郎の歳は『二天記』に18だと記されているが、彼が生前の勢源と出会うには決闘時に最低でも50歳以上、直弟子であればさらに上としか考えられない。一説には70歳を超えていたとも……。一対一の真剣勝負という条件を守った小次郎とそれを破った武蔵……それが事実ならば、当時の人々が小次郎に同情的だったというのも納得できる話である。

危うく堕胎されるところだった!?

邪魔者扱いされていた水戸黄門こと水戸光圀

無責任な父親・頼房

テレビドラマ『水戸黄門』で知られる、歴史的有名人物・徳川《とくがわ》光圀《みつくに》。彼は1628年6月10日、水戸城下の三木之次《みきゆきつぐ》の屋敷に生まれた。生みの母は水戸徳川家の祖である頼房《よりふさ》の側室・久子。だが、久子が光圀を身ごもったとき、実は父親である頼房はまったく祝福しなかったという。祝福しないどころか、頼房は父親の立場でありながら「すぐに水子《みずこ》に致せ」と久子に堕胎《だたい》を命じたとか。とんだろくでなしだ。

改易の嵐が吹き荒れる厳しい時代

頼房が久子の懐妊を喜ばなかったのには、水戸家の立場が深く関係していた。

当時、世間では譜代《ふだい》も外様《とざま》も関係なしに改易《かいえき》が相次いでいた。そんな中、御三家の中でも一番末に位置していた水戸家が兄たちより先に子どもを授かることは許されることではなかった。ところが、頼房の一番恐れていた事態、つまり兄たちよりも先に、さらには将軍・家光よりも先に子どもをもうけてしまったのである。

頼房に見放された久子は、主命に背《そむ》いて密かに出産。その後、兄らが子どもをもうけたことで堂々と子を持つことができるようになった頼房。いざ、自分の子どもの数を確認してみると、なんと頼房には7人もの息子がいることが発覚したとか。だが、男児がひとりもいない兄たちを気遣い、頼房は長男・頼重《よりしげ》を庶長子《しょちょうし》とし、光圀を長子として登録、水戸藩は必然的に光圀が受け継ぐことになったという。

あの遠山の金さんも、虎退治の加藤清正も……

時代劇のヒーローも〝痔〟には勝てない!?

激痛に耐えきれず駕籠で登城

現代でも痔《じ》に悩む人は多いが、それは江戸時代でも同じだったようだ。遠山の金さんこと遠山景元《とおやまかげもと》も痔に悩んだうちのひとり。金さんは痔の痛みで馬に乗ることができなくなってしまった。そのため馬での登城が難しくなり、困った金さんは幕府に申請、特別に駕籠《かご》で登城する許しを得たという。

時代劇で知られる大岡忠相も痔だった。その苦しみは本人の日記にも綴られている。それによると1743年1月、激痛で目覚めた大岡は自分が痔で出血していることに気づいた。2日後に徳川家の近親を連れ墓参りに行く予定を控えていたが、悩んだ末に「今回の墓参りは見送りたい」と行事責任者に申し出る。だがその責任者は、「もう参加者の名簿ができ上がっているから」とそれを拒否。それでも地獄のような痛さには耐えられず、大岡は欠席してしまったという。

下駄が原因でさらに痔は悪化

金さんや大岡忠相に負けぬほどひどい痔を患っていたのが、虎退治で知られる加藤清正《かとうきよまさ》だ。彼は一度トイレに入ると1時間は出てこなかったとか。さらに厄介なのが、彼が潔癖症だったことである。そのため1尺ほどある下駄を履いて長時間座り込んでいたのだが、それが原因でさらに痔は悪化してしまった。

みんな時代劇ではヒーローとして扱われている有名人だが、悪に勝てても痔には敵《かな》わなかったようである。彼らにとって一番の悪は痔だったのかもしれない。

あの人も痔だった!?

松尾芭蕉
旅の途中で痔が悪化した芭蕉。その激痛は『おくのほそ道』にも残されている

夏目漱石
さまざまな病気を患っていた夏目。痔にもかかり、2度も手術を受けている

杉田玄白
便秘が原因で脱肛《だっこう》を起こした玄白。その苦痛は「耄耋独語《ほうてつどくご》」に綴られている

〝鼻毛大名〟と呼ばれたバカ殿の悲哀

100万石を守った前田利常の努力とは？

大名の謀反を恐れた将軍家

真っ白な顔に太い眉、赤い口紅に高く結った髷《まげ》……志村けんが演じる〝バカ殿〟の特徴だ。そんな外見ではないものの、江戸時代には実際に〝バカ殿〟と呼ばれる外様大名がいた。100万石という外様大名最大の領地を誇っていた前田利常《としつね》だ。彼は、領地を守るため必死に〝バカ殿〟を演じ続けたのだ。

当時、高い石高を持つ外様大名の謀反を恐れた幕府は、些細《ささい》なことで減封《げんぽう》や改易《かいえき》を申し渡していた。その犠牲となったのが福島《ふくしま》正則《まさのり》や加藤忠広《かとうただひろ》などの豊臣恩顧《おんこ》の大名たち。そして幕府が次なるターゲットとして狙ったのが100万石の石高を誇る前田家だった。

そこで利常が将軍家から警戒されないために採った対抗策、それがバカ殿を演じるというものだったのだ。

家臣も見破れなかった利常の演技

利常は〝前田家には謀反は無理〟と思わせるためにまず鼻毛を伸ばした。さらに彼は常に口を半開きにして、服装も崩れた状態にし、必死に愚君を装ったのだ。

利常の怪演はそれだけでは終わらない。病で江戸城出仕をしばらく休んだ後、酒井忠勝《さかいただかつ》に〝気ままなことで〟と皮肉をいわれたため、〝ココが痛くて〟と性器を見せつけて弁解したとか。

利常の〝バカ殿っぷり〟は見事で、それを演技と見破れなかった家臣たちは困り果てていた。だが、それが利常の領地を守るための演技だと知ると、彼らは殿様の才知に大いに感嘆したという。

僧と手を組んだ大奥の暗部

寺院と大奥のイケない関係を強めたお美代

政略的に大奥に送り込まれた

ことの起こりはお美代《みよ》という美女が大奥へ奉公をしたことであった。そもそもお美代は旗本・中野清茂《なかのきよしげ》の下へ奉公に出ていたのだが、清茂がそのあまりの美しさに「こいつを大奥へ送り込めば私も将軍様のおめがねにかなって、出世ができるはず」と考えて、大奥へ上げることになった。ときの将軍は徳川家斉《いえなり》。彼は美人には必ず手を出す好色家として知られ、側室を40人、子どもを50人もうけたほどの人物であるから、お美代もすぐに目に留まり、

3人の女児をもうける。お美代が寵愛を受けた結果、清茂も思惑通りに出世した。ただ、お美代の寵愛の恩恵を受けていた人物は清茂だけではなかった。それこそが、お美代の実父であり、法華《ほっけ》宗智泉院《しゅうちせんいん》の僧である日啓《にっけい》であった。

美形僧侶たちの〝接待〟!?

というのも当時、大奥と寺院には強いつながりがあった。大奥の女性たちは原則として外出を禁じられていたが、寺院への墓参りや祈禱《きとう》という名目であれば外に出ることができ、寺院側も美形の僧侶を迎えに出して、さまざまな意味で〝接待〟を行なっていたのだ。日啓は大奥と良好な関係を築ければ、将軍家から恩恵に与《あずか》れるし、お美代も大奥での地位が安泰になるということで、両者にとってメリットばかりだった。

結果、日啓も出世を果たし、万事うまくいったようにも思えたが、家斉が死ぬと、財政の引き締めが行なわれ、この悪《あ》しき風習はなくなってしまった。

日本一のソープランド街

吉原遊廓ができたのは街作り効率化のため!?

男であふれ返っていた江戸の町

江戸で唯一の遊廓《ゆうかく》・吉原。遊女たちはなぜ吉原というひとつの街に集まっていたのだろうか。

１５９０年、秀吉による小田原攻めで、長年にわたって繁栄していた北条《ほうじょう》氏が滅亡。徳川家康が江戸に入府して江戸幕府を開いた。それに伴い江戸では本格的な町作り・城作りが始まり、人口が爆発。たちまち「武士の都」へと発展していった。また、商家の奉公人もほとんどが男だったことから、江戸という街は圧倒的な男社会だったといえる。そんな男だらけの世界で、彼らの性的欲求を発散させようと私娼《ししょう》たちが集まったのが遊女屋のはじまりである。

遊女を取り締まるための吉原遊廓？

しかし、幕府は〝都市開発〟の真っ最中。そのため庶民が強制的に住居を移転させられることも多く、遊女屋もその対象となることが多かった。そのようなことが度々繰り返されていたため、遊女屋を営む庄司甚右衛門《しょうじじんえもん》は、遊女屋がもう移転しなくてもいいようにと遊廓の設置を求めたのだ。ちょうどその頃、幕府は町中に散らばっていた私娼の取り締まりに頭を抱えていたため、これを機に彼女たちを1ヵ所に集め、娼婦の活動を公に許可して公娼として働かせることにする。結果、幕府は彼らの陳情を受け入れ、〝ヨシ〟が茂っている町の一角を埋め立てて〝葭原《よしわら》〟と名づけ、遊廓を設置したのである。こうして吉原は幕府公認の下、遊廓として栄えることとなったのだ。

次々と話は大袈裟《おおげさ》となっていき……

江戸の名裁判官伝説 大岡裁きは作り話!?

江戸時代から語り継がれる大岡政談

時代劇ファンにも高い人気を誇る名奉行、名裁判官として知られる大岡越前守忠相。大岡の人情味あふれる見事な裁きは評判を呼び、それらは後世に〝大岡政談〟あるいは〝大岡裁き〟として伝えられている。

彼が裁いたとされる事件は「白子屋《しらこや》お熊」「しばられ地蔵」「三方一両損」など数知れず。しかし、それらのほとんどが後世に何者かによって作り上げられた話であるというのだ。

実は元文《げんぶん》年間を過ぎて間もなく、大岡の名奉行ぶりを「大岡仁《じん》政《せい》談」として庶民に広めた人物がいた。講釈師の森川馬谷《ばこく》である。

はじまりは講釈師の読み聞かせ

彼は講釈師として脚色を加えながら庶民に大岡の名奉行ぶりを読み聞かせたところ、明るい気性の江戸っ子たちに大ウケ！

この噂を聞きつけた作家たちは次々と大岡政談を創り出しては競い合うようにより面白い話へと変えていったという。中には、ほかの裁判話を大岡の話に書き換えたり、中国の小説の内容を取り入れたりすることもあったとか。事実、大岡政談のひとつ「しばられ地蔵」は中国の〝包公案《ほうこうあん》〟に、「実母継母《じつぼけいぼ》の争い」は〝棠《とう》陰比事《いんひじ》〟という中国の本に載っているものそっくりだ。だが、これほどまでにも大岡が過大評価されるようになったのは、彼にそれだけの人徳があった証拠だろう。彼に庶民を魅了させる〝華〟があったことは間違いなさそうだ。

大岡忠相の言葉

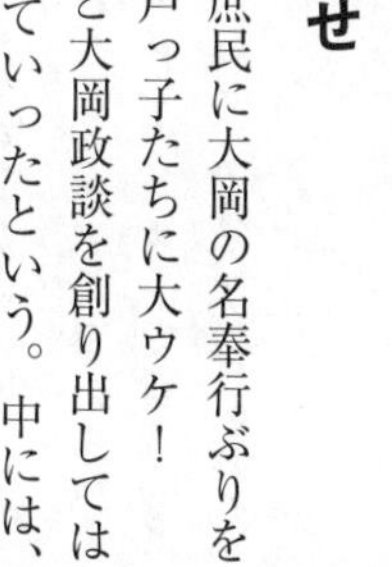

下情に通じざれば、裁きは曲がる

決して権力にこびることなく、正義感を持って裁いていった大岡。庶民から愛され続けた名裁判官ぶりが感じられる言葉だ日本史上最大の大火災!!

〝明暦の大火〟は老中家の失火が原因!?

大火災の原因は放火？　それとも失火？

１６５７年、江戸で大火災が発生した。のちに〝明暦《めいれき》の江戸大《たい》火《か》〟と呼ばれるこの火災は、本妙寺《ほんみょうじ》をはじめ３ヵ所で断続的に発生。町は焼け野が原へと変わり果て、何万という命が奪われた。だが、火災の真相は３００年以上経過した今でも明らかになっていない。

出火原因についてはさまざまな説が取り沙汰されてきた。たとえばこんな説がある。「亡くなった娘の振袖《ふりそで》を供養しようと本妙寺の和尚が火に投げ込んだところ、振袖が本堂に入り込んで大火災へ発展した」という本妙寺失火説。また、「幕府が江戸の都市計画をスムーズに進めるために、邪魔な建造物を故意に〝焼き払った〟」という幕府放火説などだ。

本妙寺は濡《ぬ》れ衣を着せられた?

そして最近、新たに浮上したのが老中・阿部忠秋《あべただあき》による失火説だ。阿部は火災が起きてから毎年本妙寺に〝大火の供養料〟として米10俵を贈っていた。供養のための回向院《えこういん》がすでに建てられたのに、だ。これはいかにも怪しい。阿部家は本妙寺の近くにあった。もし老中である阿部が失火したとなれば、幕府の名誉・信用はガタ落ちだ。そこで本妙寺が身代わりを引き受け、その罪を償う意味で阿部は本妙寺に米を贈り続けた……というわけだ。江戸の町を一変させ、歴史をも揺るがした明暦の大火。これが幕府の失態によるものだとは、当時の人々には思いもよらなかったに違いない。

世界3大火災

ロンドン大火	ローマ大火	明暦の大火
1666年にロンドンで発生。ロンドン市内の家屋85%が焼失	西暦64年にローマで発生。市内のほとんどを焼き尽くした	日本史上最大の火災。死者は、3万とも10万ともいわれている

すべての句はカモフラージュだった?

松尾芭蕉の正体は忍者だった!

忍者の里・伊賀上野出身の俳人

今や定説となりつつある「芭蕉＝忍者」説。俳諧師・松尾芭《まつおば》蕉《しょう》、実は忍者だったというものだ。

芭蕉の生まれは「忍者の里」伊賀上野《うえの》で、父・松尾与左衛門《まつおよざえもん》の旧姓は伊賀忍者の血を引く柘植《つげ》氏、母もまた伊賀忍者の名家・桃《もも》地《ち》氏の一族であった。ちなみに当時、姓を名乗れるのは武士と一部豪農のみ。ただの百姓なら芭蕉は姓を名乗れないが、伊賀の忍者は百姓でも姓を名乗ることが許されていたのだ。「芭蕉＝忍者

説」を裏づけるもっとも大きな根拠が、彼の旅日記『おくのほそ道』にある。彼の移動スピードに注目しよう。総移動距離は約2400キロで、彼は約150日で移動している。計算すると、実に1日平均15キロを徒歩で歩き続けたことになるのだ。彼がこの頃46歳だったことを考えれば、その数字がいかに超人的であるかが窺えるだろう。

『おくのほそ道』に見られる矛盾点

また、旅の日程も異様だ。というのも、出発前に彼が「松島の月まず心にかかりて」と詠んでいた日本三大名所・松島を素通りして、仙台藩の重要拠点である瑞巌寺《ずいがんじ》や石巻《いしのまき》港を見に行っているのだ。仙台藩は外様の中でも特に強大な勢力を誇っており、幕府が警戒を続けていた雄藩。幕府は、創作活動を名目として芭蕉を仙台藩の偵察に行かせたのではないか。偵察であることを隠すため、カモフラージュとして書かれた紀行文こそ『おくのほそ道』だったのかもしれない。

松尾芭蕉 忍者の疑惑

其ノ一

忍者の里として知られる伊賀国の出身。農民階級にもかかわらず姓を持つ

其ノ二

多大な旅費がかかるのに頻繁に旅行に行っている。旅費はどうやって工面したのか?

其ノ三

『おくのほそ道』に見られる移動スピードが超人的。日程にも異様な点が見られる

赤穂四十七士とはいわれるものの……

実は赤穂浪士は46人しかいなかった!?

常識とされてきた四十七士説

１７０２年、赤穂浪士《あこうろうし》が江戸本所松坂町《ほんじょまつざか》にある吉良《きら》邸に討ち入り、主君に代わって吉良上野介《こうずけのすけ》を討ち果たしたのちに、幕命によって切腹した〝元禄《げんろく》赤穂事件〟。それに加わった赤穂浪士は小説や芝居などで〝赤穂四十七士〟として取り上げられ、47人なのが当たり前とされてきた。だが実のところ人数は明確ではなく、四十六士説も存在するのだ。

そもそも四十七士説は人形浄瑠璃などで代表的演目となってい

る「仮名手本忠臣蔵《かなでほんちゅうしんぐら》」が元になっている。しかし、この中の47という数は〝いろは仮名〟の47文字に掛けたもので、実際に事件に四十七人が関わっていたから……というわけではなさそうだ。

キーマンは寺坂吉右衛門という男

ふたつの説のどちらが正しいかの謎を解くカギは、赤穂浪士のひとり・寺坂吉右衛門《てらさかきちえもん》という人物が握っていた。彼が討ち入りに加わっていれば47名になるのだが、事件のあと幕命によって切腹させられた人数は46名。これは吉右衛門ひとりだけが切腹させられていないからだ。ここが両説の分岐点になる。

これについては、これまでにさまざまな意見が取り沙汰されてきた。吉右衛門は討ち入り直前に逃亡したという説、討ち入り直後に上司からの密命で主君の未亡人の下に報告に走ったという説、直前に義士から外されたという説……しかしどれが正しいかはわかっていない。真相はいまだ藪《やぶ》の中である。

元禄赤穂浪士事件の流れ

其ノ一
赤穂藩藩主・浅野内匠頭《あさのたくみのかみ》長矩《ながのり》が吉良上野介義央《よしなか》を討とうとするが失敗。浅野は切腹処分となる

其ノ二
浅野の遺臣である赤穂浪士たちが、主君の仇《かたき》を取ろうと吉良を襲撃。討ち果たすことに成功

其ノ三
吉良の首を浅野の墓前に捧《ささ》げた後、赤穂浪士らは全員幕命によって切腹した

貧民救済に立ち上がった英雄の裏の顔

大塩平八郎の乱は私憤だった！

大坂に迫る大飢饉の危機

天保《てんぽう》の大飢饉《ききん》後、大坂では米不足が深刻化していた。だが、町奉行は対策を練るどころか徳川家慶の将軍就任の儀式のため江戸に米を廻送《かいそう》。さらに豪商が米の買い占めを図ったために米価は驚くほどに値上がりしていく一方だった。これに黙っていなかったのが大坂町奉行所元与力《よりき》の大塩平八郎《おおしおへいはちろう》だ。彼は民衆を引き連れ、貧民救済を目標に武装蜂起を決意。その訴えに300人もの農民や町民らが集まり、家財を売却してまで大砲や爆弾をそろえ、家

大塩平八郎の乱の流れ

其ノ一

1837年2月19日
大塩平八郎を中心にして、総勢300人もの反乱軍で挙兵

族と離縁して合戦に備えていた。そしてついに〝大塩平八郎の乱〟を起こしたのである。

大塩は民衆を騙《だま》して挙兵した!?

このように大塩による挙兵は〝貧民救済〟が目的とされてきた。だが、本当の理由は民衆を助けるためだけではなかったという。大塩はもともと町奉行・高井実徳《たかいさねのり》の下で与力を務めていたが、高井の引退が決まると大塩も引退を余儀なくされた。だがプライドの高い大塩はそれを認めず、引退後も意見を出し続けたという。しかしやがて〝でしゃばった〟大塩の意見に耳を傾けない者も出てきたのだ。このことに腹を立てた大塩が、自身の力を知らしめるために反乱を起こしたというのである。

民衆を救うために立ち上がったと語り継がれる大塩。しかし、ただ私憤を晴らすために挙兵したというならば、そのために家財も家族も捨てて付き合わされた民衆にとってはあまりにも残酷な話である。

其ノ二

船場《せんば》の豪商家に大砲や火矢を放ったが、火災が大きくなるばかりでわずか半日で鎮圧される

▶

其ノ三

大塩は、養子である格之助とともに約40日にわたって大坂近郊各所に潜伏する

▶

其ノ四

大坂城代土井利位《どいとしつら》に密告されたことで探索方に包囲され、火薬を使って自決した

引越しと旅行はカモフラージュ？

93回もの転居の裏に隠された北斎の密命

異常な転居マニアだった北斎

葛飾北斎《かつしかほくさい》といえば、江戸時代の化政文化を代表する浮世絵師である。『富嶽《ふがく》三十六景』をはじめとする作品群は、現代の私たちにとっても馴染《なじ》み深く、遠く海を越えてゴッホら後期印象派の画家たちにも影響を与えた。そんな彼が希代の「引っ越しおじさん」だったことは意外と知られていない。といっても隣家に「さっさと引っ越し！」と迫っていたわけではなく、自ら引っ越しを繰り返していたのだ。その回数、生涯で実に93回！　それに加えて、彼は極度の旅行好きとしても知られている。北は甲信地方から南は九州まで、1806年から1845年の間に9回も長期旅行に出かけているが、当時の人としては異常な回数だ。

対外政策と北斎の奇妙なリンク

このことから、北斎は幕府の隠密《おんみつ》だったのではないかという説がある。最初にこの説が発表されたのは、作家・高橋克彦《たかはしかつひこ》氏の小説『北斎殺人事件』だが、あながち創作ともいい切れないものがある。異常なまでの転居と旅行の回数は、その傍証として十分だろう。

また、1820年には幕府が相模湾岸《さがみわんがん》警備を命じているが、北斎もまた1830年代に2度、相模へ旅に出ている。

こうした点からも、北斎が隠密として各地の情報収集をしていた可能性を、決して荒唐無稽と否定することはできないのだ。

側室40人、生まれた子どもは55人!!

エッチ度ナンバーワン家斉は大奥に入り浸り!?

徳川一の子だくさん将軍

11代将軍・徳川家斉《いえなり》といえば、子の多さで有名である。確認できる側室の数だけで40人。実際にはもっと多かった。生まれた子は、何と55人に達している。もちろん、歴代将軍の中でこれらはもっとも多い数である。

昔は、医学が未発達で子どもが成育することはなかなか難しかった。将軍の子女も例外ではなく、生まれた子のうち成人したのは、男子が13人、女子が12人、計25人だった。成育した25人は次男・家慶が12代将軍になったほかはすべて、他家へ嫁ぐか養子に入った。

たまらないのは子女を押しつけられた大名である。確かに将軍の子女をもらい受けることは大変名誉なことだが、そのために膨大な支出を余儀なくされた。まさに、ありがた迷惑である。

オットセイ将軍と呼ばれる

家斉の治世を「大御所《おおごしょ》時代」と呼ぶことが多い。本来、大御所というのは将軍職を辞して隠居した前将軍のことを指す。

家斉が本来の意味で大御所だったのは、将軍職を息子の家慶に譲った1837年から亡くなる1841年までの期間にすぎない。しかし、家斉の在位の長さ、官位欲の強さ、広範な大名家との子女の縁組などから、家斉そのものの存在を大御所と呼んでいる。ちなみに、数多くの子を授かった家斉は精力増強のため、オットセイのペニスを粉末状にしたものを飲んでいたため、「オットセイ将軍」という異名も持つ。

いつの時代も世継ぎ問題はつきもの……

将軍家にまつわる奇妙なジンクスとは!?

世継ぎに悩んだ家治

10代将軍・徳川家治《いえはる》は、なかなか世子《せいし》に恵まれなかった。正室である閑院宮直仁《かんいんのみやなおひと》親王の娘・五十宮倫子《いそのみやともこ》との間に2女をもうけるが、男子は生まれなかった。

家治は近臣たちが側室を持つことを薦めてもなかなか選ぼうとせず、老中田沼意次《たぬまおきつぐ》の薦めでやっと側室を選ぶ。そうして迎えた側室のお知保《ちほ》は待望の世子・家基《いえもと》を産んだ。しかし、期待された家基もわずか18歳で亡くなってしまったのだ。

結局、家治に世子ができなかったため、一橋家から養子として豊《とよ》千代《ちよ》を迎えることになった。これがのちの11代将軍・家斉である。

偏のつく漢字は縁起が悪い!?

歴代将軍で世子ができなかったのは、4代家綱、5代綱吉、7代家継、10代家治、13代家定、14代家茂である。

はじめの4人に共通しているのは「糸偏」「さんずい」など、名前に偏のある漢字を使っていること。

そのためか、将軍家では「偏のある漢字を名前に使うと世子に恵まれない」という奇妙なジンクスが生まれた。11代家斉以降、偏のついた漢字を名前に使っている将軍はいない。

こんな話がある。13代将軍・家定は、はじめ「家祥《いえさち》」と名乗っていたが、将軍に就任してからは「家定」に改名しているのだ。

これは、偏のついた将軍に実子がないことから縁起が悪いと考えられたためだといわれている。

第4章 古代

日本最初の女王様のご乱行!?

卑弥呼は死の際に奴隷を道連れにした!?

卑弥呼はシャーマンだった!?

謎多き邪馬台国《やまたいこく》の女王・卑弥呼《ひみこ》。その正体は神功皇后《じんぐうこうごう》とも天照大神《あまてらすおおみかみ》ともいわれているが、最新の研究においてもくわしい人柄についてはほとんど明らかにされていない。

「魏志」倭人伝には卑弥呼について「鬼道《きどう》を事とし、よく衆を惑わす」と記されている。〝鬼道〟がどんなものかということに関しては諸説あるが、中国の民間伝承に当てはめると、霊的存在を表す〝鬼〟を操る呪術、つまりシャーマニズムの一種と考えられている。

卑弥呼は鬼道により神託を受け、世の情勢を占い、政治を執り行なっていたという。群衆は鬼道の力を持つ卑弥呼に心酔していたというが、卑弥呼が実際に人々の前に姿を現すことはほとんどなかった。それでは卑弥呼はどのようにして群衆を操っていたのだろうか？

なぜ群衆に顔を見せなかった？

卑弥呼は自分の住まう宮殿を武装した兵士に守らせ、1000人もの召使いに身の回りの世話をさせていたという。卑弥呼の部屋に出入りできるのは、彼女が選んだひとりの男性だけであり、命令などはすべてその男性を通して、群衆に伝えられていたようだ。また卑弥呼には弟がおり、政治については彼が卑弥呼の意見を聞き取り、主導していた。

このようにして卑弥呼は徹底して姿を見せないことで自らの神秘性を高め、群衆を教徒のようにコントロールしていたのだ。卑

知っておきたい用語集

奴婢

隋・唐の律令制における賤民《せんみん》の中のひとつであり、奴隷階級に相当する。日本では卑弥呼の死に際して奴婢が殉死したという記録から、邪馬台国の時代から存在していたと考えられている

シャーマニズム

トランス状態に入り、霊的存在と交信する現象のこと。日本では卑弥呼をはじめ、下北半島の恐山《おそれざん》におけるイタコ、沖縄周辺のユタなどがそれに当たるとされている

弥呼の鬼道が実際に威力を発揮していたかは定かではないが、頭のキレる女性だったことは間違いなさそうだ。

100人の奴隷を道連れに！

群衆の意思を完全に掌握した卑弥呼は、自分の死に際し、直径100余歩もある大きな墓を作らせ、100人もの奴婢《ぬひ》を道連れにした。これは、群衆たちが卑弥呼の死を悼《いた》み、自主的に起こした行動だと考えられているが、卑弥呼が死んだときは敵対する狗奴国《くなこく》との戦いが激化していた頃。群衆たちに卑弥呼の死を悼む余裕などなかったのではないだろうか？ そうなると、この墓作りと100人の殉死は卑弥呼が命令したものだとも考えられる。

この墓作りのほかにも、彼女の国政には幾多の犠牲があったことが容易に想像できる。カリスマ女王として群衆を思いのままに操った卑弥呼。その人生は案外孤独なものだったのかもしれない。

女王・卑弥呼は実在したのか?

卑弥呼は人にあらず 役職名・称号だった!

卑弥呼は動乱を治めたカリスマか?

30もの国々を束ね、倭国《わこく》に君臨したという女王・卑弥呼。1000人の女中を侍《はべ》らせた、呪術を使った……など数多くの伝説が残る、日本史を代表する人気キャラクターのひとりである。

「魏志」倭人伝によれば、倭国は動乱期にあり、長らく戦が続いていた。やがて疲弊し切った国々は、和平を画策し始める。そこで国々の同意のもと、王としてひとりの女子が擁立された。これが「卑弥呼」である。

この話から窺える卑弥呼像は、まさしく〝カリスマ〟。だが、国内が内乱で疲弊する中でカリスマ的女性が登場し、30ヵ国を統《す》べる王となった……とは、あまりにもできすぎた話ではないか。

「卑弥呼」とは役職名だった!?

そこで考えられるのが「卑弥呼とは役職名だった」という説である。平和を求めた国々は、その「象徴」として女性を王にすることにし、「卑弥呼」という役職を設け、代々女性が就くこととなった——つまり卑弥呼とは、国内が平和な状態にあることを示すシンボルだったのだ。

「魏志」倭人伝の「卑弥呼が死ぬと男子の王が立てられた。邪馬台国の人々はこれに服さず、内乱状態になり千余人が死んだ」は、〝卑弥呼〟職を廃して男性の王を擁立したが、〝平和の象徴〟がいなくなったことでふたたび内乱が起きた……と考えられる。倭国の平和は「卑弥呼」あってこそのものだったのだろう。

第1章 幕末・維新
第2章 戦国
第3章 江戸
第4章 古代
第5章 中世
第6章 近現代

知られざる古代の建築技術

幻の古代出雲王朝には空中神殿があった！

その高さは東大寺大仏殿を凌《しの》ぐ

記紀神話《ききしんわ》によると出雲大社《いずもたいしゃ》は、国護《くにまも》りの神を祀《まつ》るために「太い柱で、天孫《てんそん》が住むのと同じくらい空高い宮を作れ」との命を受けた大《おお》国主命《くにぬしのみこと》が、古代における国家的事業として建造したものである。現代でも本殿の高さは24メートルと、神社としては破格の大きさを誇るが、古代にはなんとその高さが倍の16丈（約48メートル）もあったと伝えられている。

しかし、48メートルといえばビル15階分にもなる高さである。これまでは当時の木造建築の技術ではとても実現不可能だと考えられてきたが、近年になってそれが実在していた可能性が浮上してきた。

柱の跡から空中神殿の噂が真実に!?

2000年、出雲大社の地下祭礼準備室の建設に伴う事前調査にて、境内《けいだい》から勾玉《まがたま》などのほかに直径3メートルにもなる柱跡が発見された。その大きさからコンピュータによる復元がなされ、結果109メートルの階段と高さ48メートルにもなる巨大な神殿の姿が浮かび上がったのだ。古代出雲王朝の空中神殿の存在が示唆されたのである。

さらに時代を遡《さかのぼ》ると32丈（約96メートル）の社殿《しゃでん》があったともいわれている。とてつもない高さだが、48メートルの建物を作る技術があったのならば、それも不可能ではないという気さえしてくる。多くの謎を秘めた古代出雲王朝には、まだまだ我々の想像を絶するような秘密が隠されているのかもしれない。

出雲王朝は実在する!?
出雲の近年の出土品

其ノ一
荒神谷《こうじんだに》遺跡から、出雲王朝のものと思われる358本もの銅剣が出土

其ノ二
三田谷《さんただに》遺跡で金製錬に使われた可能性のあるるつぼが出土

其ノ三
出雲大社に直径3メートルの巨大な柱の穴を発見。空中神殿実在説浮上

日本人のもうひとつのご先祖様

歴史から抹消された〝もうひとつの朝廷〟

東日本を支配したまつろわぬ民

大和《やまと》地方を中心とする豪族たちが集まり、日本史上最初の統一政権となった大和朝廷。のちに天皇と呼ばれる君主を中心として朝廷を営み、畿内を中心にその勢力を広げていった日本という国家の祖先でもある。だが、日本にはもうひとつ別の朝廷が存在していた。大和朝廷が蝦夷《えみし》と呼んだ集団である。彼らは東北地方から北海道にかけて居住し、主に狩猟や採取で生活しながらも独自の高い文化を作り上げていた。その後、時代が下るとともに大和朝廷に吸収され、一部は蝦夷《えぞ》、すなわちアイヌへとつながったと考えられている。

統一され消された存在

蝦夷の名は『日本書紀』にすでにその記述が見られ「毛皮を着て、肉を食す」野蛮な狩猟民族として扱われていた。大和朝廷への帰属を拒み続けていた彼らは、そのために異族視され「蝦夷」「まつろわぬ者（服従しない者）」として中央政府から差別の対象となっていたのである。8世紀頃には頻繁に大和政権と争い、巣《す》伏《ぶし》の戦いで遠征軍を壊滅させたアテルイの名前などが伝わっている。その後、征夷大将軍坂上田村麻呂《さかのうえのたむらまろ》らによって征服された蝦夷は、12世紀にはその独立性を失い日本という国家に組み込まれていくこととなる。

ちなみに、宮崎駿《みやざきはやお》のアニメ『もののけ姫』に登場する主人公・アシタカはエミシの村出身。蝦夷の朝廷が彼らの村のモデルとして描かれているのである。

『日本書紀』に残されている3つの蝦夷

熟蝦夷《にぎえびす》

朝廷からもっとも近いところに住んでいた。性格はおとなしく従順

麁蝦夷《あらえびす》

荒々しい部族で、熟蝦夷の次に朝廷から近いところに住んでいた

都加留《つがる》

朝廷からもっとも遠いところに住み、蝦夷の中でも一番強力な部族だった

鑑定した儒学者の捏造か？

〝漢委奴國王〟の金印は偽造品だった!?

光武帝からの寄贈って本当？

日本最古の海外交流の証、〝漢委奴國王《かんのわのなのこくおう》〟と記されたその印は後漢《ごかん》の光武帝《こうぶてい》から日本に贈られたものだとされているが、なんとこの金印を偽物だとする説があるのだ。

1784年、福岡県の志賀島《しかのしま》から発見された金印は、儒学者の亀井《かめい》南冥《なんめい》によって鑑定された。彼は、印の面の長さが漢代の一寸と合致していることや同じ形状の金印が中国で発見されていることから、それが『後漢書《ごかんじょ》』に記された金印と同じものだと断定。

そのあとは福岡藩主の黒田家に伝えられ、1978年に福岡市に寄贈。福岡市博物館に保管・展示されている。

存在自体がでっち上げの可能性も!?

しかしこの金印。真贋《しんがん》については以前から議論が絶えない。疑惑の渦中にいるのは最初に鑑定をした亀井南冥。まず、鑑定の決め手となった印の面の長さが漢代の一寸と合致していることに関しては、文献を読めば江戸時代でも作れるということ。また、中国の印と形は似ているが、作りはあまりに稚拙《ちせつ》であることなどが挙げられる。これらの理由に加え、発見時の状況に不明な点が多いことから、存在自体、南冥による捏造《ねつぞう》ではないかという疑惑が持ち上がっているのだ。発見当時、南冥が館長を務めた藩校甘棠《かんとう》館《かん》が開校したこともあり、名声を高めるためだったというのが有力な説である。ただ、地元福岡では長年町おこしにひと役買ってきたこともあり、本物と信じて疑わないようだが……。

真実はどれ？　本物説VS偽造説

本物説

・印の面の長さが漢代の一寸と合致している
・ツマミの形状が中国で発見された金印と似ている
・〝委奴〟は当時の中国の書に記された日本の通称〝倭奴国〟を指している

VS

偽造説

・漢代の一寸は後世でも文献を読めば調べられる
・中国の印に比べると作りが稚拙
・〝委奴〟の読みは〝わのな〟ではなく、福岡県の伊都国を表す〝いと〟

数多い后のひとりから天皇に上り詰めた女性

初代女帝・推古天皇は馬子を利用していた!?

32歳の若さで夫を失い未亡人に

初代女帝とされる推古《すいこ》天皇は、即位前の名を額田部皇女《ぬかたべのいつらめ》といい『日本書紀』には「姿色端麗、進止軌制（所作が乱れなく整っている）」と記されている。18歳で敏達天皇《びだつてんのう》の后《きさき》のひとりに召されると、やがて皇后となって2男5女をもうけた。

額田部皇女32歳のとき天皇崩御。その服喪《ふくも》中に事件は発生した。天皇の異母弟・穴穂部皇子《あなほべのおうじ》が額田部皇女を犯そうとしたのだ。未遂に終わったこの事件の背景には蘇我《そが》氏と、物部《もののべ》氏の対立があったとされる。額田部は蘇我馬子《そがのうまこ》の姪《めい》で、穴穂部は物部派だった。

即位して飛鳥《あすか》文化の担い手に

敏達天皇の跡を継いだ用明《ようめい》天皇は即位2年で崩御。後継に泊瀬《はつせ》部《べ》皇子《おうじ》（後の崇峻《すしゅん》天皇）を推す蘇我馬子と、穴穂部皇子を推す物部守屋《もりや》の間で争いが起きる。穴穂部皇子に個人的恨みを抱く額田部皇女が、馬子に命じて彼を殺させたのだ。そして守屋の一族も馬子によって滅ぼされ、崇峻天皇が即位するが、この治世も短かった。蘇我氏の傀儡《かいらい》であることに不満が溜《た》まった天皇は、馬子の陰口を叩いて暗殺される。そこで後継に立ったのが、蘇我氏にとって都合の良い額田部皇女だった。ただしこれは一方的な見方で、馬子こそ、額田部皇女に野心を見透かされて利用されたのかもしれない。額田部皇女は推古天皇として即位すると、当時19歳だった甥の聖徳太子《しょうとくたいし》を摂政《せっしょう》に任命した。在位中は揺るぎない権勢を誇り、その治世は36年間に及んだ。

財政度外視の国家事業の仕掛け人

信仰篤き光明皇后は日本一の浪費夫人!?

仏教に帰依して多くの寺院を建立

　藤原氏の実質上の祖といわれる藤原不比等《ふひと》の娘に生まれた光明《こうみょう》子《し》は、聖武天皇《しょうむてんのう》の皇太子時代に結婚し、光明皇后《こうみょうこうごう》となった。彼女は仏教に篤《あつ》く帰依し、多くの寺院の創建や整備に関わったとされている。現在、正倉院に伝えられる宝物は、聖武天皇崩御に際して皇后が東大寺に寄進した天皇の遺品である。

　聖武天皇の在位期間にあたる天平時代は、災害・変事の多発した時代だった。大地震に慢性的な飢饉、そして大陸からもたらされた天然痘が猛威を振るい、737年には権力の中枢にいた、皇后にとってはいずれも兄にあたる藤原四兄弟までもが、天然痘にかかって相次いで世を去った。

庶民生活を圧迫した大仏建立

740年には皇后の一族である藤原広嗣《ひろつぐ》による反乱が起こるなど、社会不安はピークに達した。そこで光明皇后は聖武天皇に、国家安寧のため各地に国分寺を建立し、東大寺に大仏を造立するよう進言する。

大仏が完成するまでの十数年間に、500トンにも達する銅と、総量400キログラムを超える金が使用されたという記録が残っている。結果、国家財政は大きく悪化した。庶民の負担も激増し、当時、平城京内でさえ餓死者が後を絶たなかったという。信仰心に基づく行為だとしても、庶民生活を圧迫しては元も子もない。天平文化の担い手とされる一方、光明皇后が大変な浪費家だったとされるゆえんだろう。

天平時代を読む

手塚治虫《おさむ》の傑作大河ロマン

漫画の神様・手塚治虫のライフワーク『火の鳥』のうち、鳳凰《ほうおう》編はまさにこの天平時代を舞台にしている。ふたりの仏師の宿命の戦いを描いて、シリーズ中でも人気が高い作品のひとつ

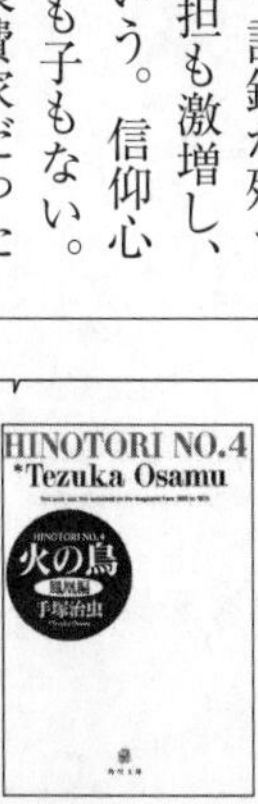

「火の鳥 4 鳳凰編」
手塚治虫／角川書店

類いまれな美貌が天皇を虜にした

内乱の原因を作った美しき悪女・藤原薬子

妃になった実の娘を差し置いて……

中納言・藤原種継《たねつぐ》を父に持つ薬子《くすこ》は、3男2女を産みながら容色の衰えない希代の美女であった。娘を桓武《かんむ》天皇の皇太子・安殿親王《あてのしんのう》の妃《きさき》とすると、自らも女官として宮中に仕え、夫ある身にもかかわらず、娘を差し置いて親王と情交を重ねるようになった。

薬子は桓武天皇の怒りを買い追放されるが、天皇が崩御して親王が平城《へいぜい》天皇として即位すると、今度は女官として最高位の立場を得て宮中に舞い戻る。その際、邪魔な夫は大宰府《だざいふ》に追い払い、誰はばかる必要もなくなった薬子は、夜も昼もなく天皇の側《そば》に仕えた。薬子の兄・仲成《なかなり》も、妹に乗じて権勢を強めた。

権力奪還を狙って挙兵

809年、病弱の平城天皇の容態が悪化。占いによると、無実の罪で非業の死を遂げた皇子たちの祟《たた》りだという。皇位を退けば治ると告げられた天皇は、皇位を弟（嵯峨《さが》天皇）に譲って、自らは上皇《じょうこう》となった。上皇は平安京内を転々とした後、旧都の平城京に移住。これに薬子や仲成をはじめ、多くの公家がつき従ったため、権力が二極化してしまう。薬子はこれを好機と見て、上皇に遷都と皇位奪還をそそのかした。

810年、上皇が遷都令を発する。嵯峨天皇は背後に薬子ありと見破り、仲成を捕らえて殺害、薬子の官位を廃した。これに対して薬子と上皇は挙兵するが、坂上田村麻呂《さかのうえのたむらまろ》の軍勢に阻まれ、戦うことなく兵を引く。上皇は間もなく出家し、敗れた薬子は服毒自殺した。

薬子の変 勢力図

平安京・嵯峨天皇側　勝		平城京・平城上皇側　負
嵯峨天皇	VS	平城上皇
坂上田村麻呂		藤原薬子
藤原冬嗣		藤原仲成
紀田上		藤原真夏
空海		文室綿麻呂

お釈迦様にも分かるまい

日本への仏教伝来は538年ではない!?

仏教伝来の年は複数ある

仏教が日本へ伝わった年は、一般に西暦５３８年のこととされている。日本仏教興隆の祖である聖徳太子の伝記とされる『上宮《じょうぐう》聖徳法王帝説《しょうとくほうおうていせつ》』や『元興寺伽藍縁起《がんごうじがらんえんぎ》』に「天國案春岐廣庭天皇七年歳次戊午十二月」との記述があり、歴史の教科書にも記されていることから、この年に仏教が伝来したと考えている人が多い。

ところが、仏教伝来の年にはもうひとつ有力な説がある。一般的に正史といわれる『日本書紀』によると、仏教伝来は５５２年のことだというのだ。いったいなぜこのようなズレが生まれてしまったのだろうか？

権力争いが生んだズレ

『日本書紀』には、欽明《きんめい》天皇の時代に百済《くだら》の聖王《せいおう》が朝廷へ使者を遣わし、仏像や経典が贈られた552年こそが仏教伝来の年であると記されている。また、538年の倭の天皇は『日本書紀』によれば宣化《せんか》天皇であり、「仏教は欽明天皇の代に公伝した」と書かれた『上宮聖徳法王帝説』などの記述に矛盾も生じる。実際に552年に使者の訪問はあったそうなので、この説の信憑性は非常に高いといえるだろう。

一方で仏教は538年に伝来したが、この当時は宣化天皇を擁立する廃仏派の物部氏と、欽明天皇を擁立する崇仏派の蘇我氏の間で対立が起こり、ふたつの朝廷が存在する時代であった。つまり、仏教伝来552年説は、朝廷内争いの事実を隠蔽しようとした〝痕跡〟と考えられる。

仏教が伝来した年 その他の説

545年説
百済王が日本の国王のために仏像を作った年であることから

548年説
百済の聖王26年に伝えられたという仮説を元にするとこの年になる

その他説
特定せず、6世紀半ば、欽明天皇の代に百済の聖王により伝えられたとする藤原不比等によって創造された人物？

偉人・聖徳太子は実在しなかった!?

日本史を変えた？　偉大なる人物

日本史を語る上で、決して欠かすことのできない人物のひとり、聖徳太子（厩戸《うまやどの》皇子《おうじ》）。遣隋使《けんずいし》の派遣を行なったり、「冠位十二階」や「十七条憲法」を制定したり、さらには四天王寺・法隆寺などを建立《こんりゅう》したりと、古代日本において重要な役割を次々に果たした日本が世界に誇る「偉人」である。

さらに、現代には彼にまつわるさまざまな伝説が語り継がれている。複数の人物が同時に発した声を聞き分けることができる

「豊聡耳《とよとみみ》」は、現代に伝わる太子伝説の中でももっとも有名な話だろう。

今も語り継がれる〝太子出生伝説〟

また、その出生も伝説的。太子の母・穴穂部間人皇女《あなほべのはしひとのおうじょ》は処女受胎で太子を身籠《ご》もったというのだ。

穴穂部間人皇女の前に現れた全身金色の僧侶が「しばらく皇女の腹に宿る」と皇女の口から体内に入って身籠もった……というのが事の起こり。それから1年後となる1月1日、皇女は陣痛もないまま子を出産。これが聖徳太子誕生の経緯だが、彼は生まれたとき小さな手に〝仏陀《ぶっだ》の骨〟を握りしめていたともいわれている。

もし、これらの太子に関する伝説が真実ならば、太子はもはや神の域。キリストや釈迦もびっくりだ。ここで浮上するのが聖徳太子は実在する人物ではなく、のちの人間が作り上げた空想上の人物ではないかという説である。

太子は『日本書紀』にしか存在しない？

さまざまな文献に名が残っていることから、厩戸皇子は確かに実在したようだ。

しかし聖徳太子という人物は、『日本書紀』編纂時に創られた可能性がある。これは大化の改新で中大兄皇子《なかのおおえのおうじ》と中臣鎌足《なかとみのかまたり》によって暗殺された蘇我入鹿《いるか》が、生前に王権を握っていたという事実を抹消するためだと考えられる。不比等は「大化の改新は正当な政争であり、蘇我氏は悪者だった」と主張したかったのだろう。

しかし、当時は藤原一族に不幸が立て続けに起こっていたので、もしそのように改変してしまえば蘇我氏の祟りが怖い。当時の日本人にとって、死を遂げた者の怨念が何よりも恐ろしいものだったのだ。

そこで蘇我一族の中に「聖徳太子」という善人を作り上げ、さらに蘇我氏の功績を太子ひとりに託すことで、蘇我氏の怨念を鎮めたのである。

歴史に残されたいくつもの矛盾点

この新説には根拠がある。まず、太子の肖像画。そこに描かれた衣服、冠、笏《しゃく》は当時存在しなかったものばかりだという。

また、太子が作ったとされる「十七条憲法」が不比等らの『日本書紀』の中にしか出てこない点も不自然。そのほか、太子が書いたとされる『三経《さんぎょう》義疏《ぎしょ》』は中国で書かれたものから引用された可能性が高く、『四天王寺縁起《えんぎ》』は太子が死んだとされる年から400年後に作られたものとして記録されている。調べれば調べるほど、「偉人」聖徳太子が存在した証拠が薄れていくのはなぜだろうか。

これまで存在していたのが当然だと思われてきた聖徳太子。太古の昔に歪められた歴史を補正するために生み出された虚像だとすれば、あまりにも悲しい存在である。

親子も兄妹も気にしない

古代日本は近親相姦大国だった!?

兄妹間の性関係が日本を作った

多くの文化でタブーとされている近親相姦《そうかん》。外界から閉鎖された血族の中で頻繁に起こり得るとされており、古代日本の歴史においてもそれは例外ではない。

その歴史を振り返るには、まず日本の創造主であるイザナギとイザナミの関係にまで遡《さかのぼ》る必要がある。兄妹関係にあった彼らが性関係を持ったことで生まれたヒルコは障害を持っていた。『古《こ》事記《じき》』の中では、女性のイザナミから性関係を迫ったことでバチ

古代日本史に名を残す近親相姦カップル

イザナギ×イザナミ

日本を創造した兄妹。子どものヒルコは骨のない状態で生まれたとされる

が当たったとされているので、タブーという認識があったわけではなかったのだろう。ただ、近親相姦の結果として障害児が生まれたのは確かである。

あの聖人は近親相姦のサラブレッド!?

また、日本古代史の中で近親相姦の子として明確に記録されているのが欽明天皇の息子・用明《ようめい》天皇と娘・穴穂部間人皇女の間に生まれた聖徳太子である。家系図をたどると何代も前から近親相姦を続けていたことがわかるが、聖徳太子に障害があったという記録はなく、むしろ超人的な能力を持っていた人物として伝えられている。この事実がタブーという認識を薄めていたのかもしれない。その後も近親相姦の事実があったことは、記紀によって伝えられている。そんな古代日本でも、同母兄妹間の性関係はタブーであったとされる。同母兄妹で関係を持った木梨軽皇子《きなしのかるのみこ》と軽《かるの》大娘《おおいつらめ》皇女が流刑に処された例もある。だが、異母の場合は一般に認められていたようである。

木梨軽皇子×軽大娘皇女

同母兄妹で関係を持ったことで、木梨軽皇子は失脚し、流刑に処された

用明天皇×穴穂部間人皇女

この異母兄妹の子が聖徳太子。用明天皇の父・欽明天皇も近親相姦で出生

天智天皇×間人皇女

孝徳天皇が間人皇女に宛てた歌の中で、同母兄妹のふたりの不倫を示唆

屍《しかばね》を乗り越えて奪い取った皇位

持統天皇の皇位継承は仕組まれたもの!?

円満になるように仕向けたはずが……

天武《てんむ》天皇には10人の皇子がいたが、後継者候補となったのはそのうちのふたりだった。それは草壁《くさかべ》皇子と大津《おおつ》皇子。年齢から考えると草壁皇子が有力だったが、彼は病弱さが難点。その点、大津皇子は文武両道で周囲の評判も高かった。天武天皇が悩んだ結果、選んだのは草壁皇子だったが、大津皇子を後ろ盾として政治に参加させ、禍根《かこん》を残さぬように取り計らった。

だが、天武天皇が死を迎えると、生前の思いもむなしく、皇位継承問題が巻き起こった。そして、死後1ヵ月も経たないうちに大津皇子は謀反の疑いで逮捕。その翌日に処刑されてしまったのだ！

謀反は冤罪《えんざい》!?　皇位は私のものよ！

謀反の動機としては皇位を狙ったというのが第一に考えられるが、政治に参加する権利は得ていたため謀反を起こすメリットは少ない。それに、天武天皇の正妃・鸕野讃良《うののさわら》皇后の監視下では謀反は不可能に近かった。そこで巻き起こったのが冤罪説である。黒幕は草壁皇子の母である鸕野讃良皇后。皇位を握れるだけの実力と人気がある大津皇子は、草壁皇子が皇位を継承するには邪魔な存在だった。謀反に見せかけて殺すことによって草壁皇子の地位を確実なものとしたのだ。だが、草壁皇子も即位前に死去。すると、鸕野讃良皇女は自ら持統《じとう》天皇として即位したのである。何というめぐり合わせであろうか。この一連の出来事が偶然とは、とても考えられないものである。

天皇即位をめぐる 人物相関図

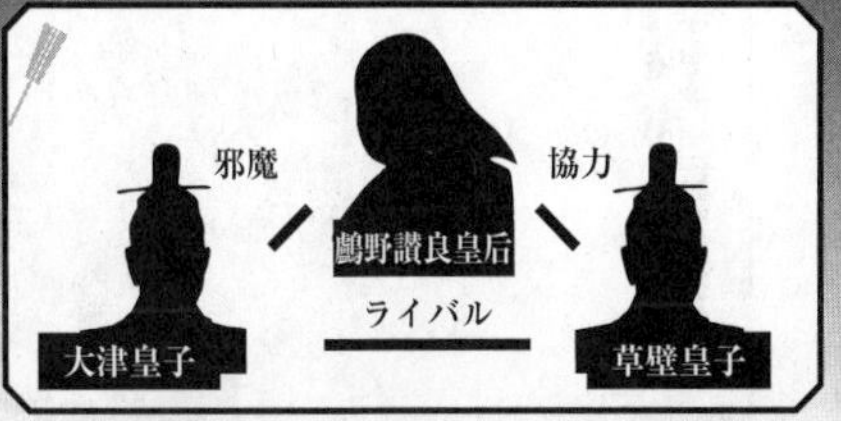

徐福は日本に来たのか？

日本を訪れた伝説の薬師・徐福に迫る！

中国と日本に数々の伝説を残す徐福

司馬遷《しばせん》が著した『史記《しき》』に登場する中国の薬師《くすし》・徐福《じょふく》。不老不死の霊薬《れいやく》を探すと始皇帝《しこうてい》に宣言し日本に降り立ったとされ、全国各地でその伝承が残っている。

三重県の熊野をはじめ、徐福が上陸したとされる場所だけでも日本に何ヵ所もあり、稲作と医薬を伝えた伝説の人として神格視されている。一方、中国では実在の人物として認識されており、江蘇《こうそ》省には徐福が住んでいたといわれる徐阜《じょふ》村という村も存在す

諸国を渡り歩いていた!? 日本で徐福伝説の残る地

秋田県男鹿市

市内にある赤神神社のそばに〝徐福塚〟が存在している

る。そこには徐福の子孫と名乗る人もおり、徐福がそこにいた可能性は非常に高いと思われる。そのため日本には来ておらず、晩年をその村で暮らしたという説も浮上しているが、それでは、全国に残る徐福伝説の説明がつかない。徐福は本当に日本に来ていたのだろうか？

徐福は神格視されて神武天皇になった!?

徐福が日本に来ていたことを表す大胆な仮説として、徐福＝神武《じんむ》天皇説がある。『史記』の「徐福は豊かな土地を見つけてそこの王となった」という記述から、王を神武天皇と解釈する説である。徐福は中国を出るとき、稲など五穀の種子と金銀・農耕器具・技術も持って出たといわれており、日本で徐福伝説が残る地には弥生時代の遺跡、もしくは水田跡が発見されている。稲作文化は弥生時代初期に大陸から伝わったとされるが、実はその伝来を担ったのが徐福だったのではないだろうか。日本の初代天皇が中国からの上陸者というのも、歴史ロマンとしては面白いかもしれない。

三重県熊野市

徐福上陸地として伝えられ、徐福を祀る徐福の宮がある

和歌山県新宮市

徐福の墓や顕彰碑など徐福関連の伝説が集中している

佐賀県佐賀市

市内の金立《きんりゅう》神社近くに徐福が滞在したと伝えられている

国書の紛失は故意？

小野妹子の大失態は「完全犯罪」だった！

日中外交に貢献した男

飛鳥《あすか》時代、遣隋使として隋に渡った小野妹子《おののいもこ》。彼は、長く危険な航海の末に隋へとたどり着き、先進国であった隋との外交関係を築いて進んだ文化を日本に取り入れた人物であり、日本の歴史上に今なお名を残す偉人でもある。

そんな妹子だが、隋の皇帝・煬帝《ようだい》から賜った国書を失《な》くしてしまうという大失態を犯したことは、あまり知られていない。その理由は「帰国途中に百済《くだら》の人々に襲われて国書を奪われてしまっ

遣隋使・小野妹子の足取り

其ノ一

推古天皇の摂政だった聖徳太子の命令で遣隋使として隋に渡る

た」から。朝廷ではその失態に対して処罰を望む声は少なくなかったが、推古天皇は彼を赦《ゆる》した。本来であれば処罰されてしかるべきなのに、なぜ彼女は妹子を赦したのだろうか。

国書は妹子があえて捨てた!?

この事件の根本的な原因は、日本が隋に献呈した国書にあった。日本を〝日の出のようにこれから栄華を極めようとしている〟、隋を〝日が沈むように衰退していく〟ようにたとえた「日出づる処《ところ》の天子、書を日没する処の天子に致す」という文面に、隋の煬帝は憤慨！　他国を見下しながら外交を進める日本を非難した文書を小野妹子に手渡した。妹子はこの文書を見て思い悩む。隋の皇帝を怒らせてしまったことが明らかになれば、推古天皇の立場がないと考え、清水《きよみず》の舞台から飛び下りる気持ちでその国書を捨てたのだ。妹子が機転を利かせたことを察した推古天皇は、彼の不処分を決定。国書紛失事件は推古天皇と妹子による〝完全犯罪〟だったのである。

其ノ二

煬帝に国書を献呈するも憤慨される。翌年、帰国する

其ノ三

煬帝からの書は百済人に奪われて紛失したと告白。朝廷で大問題に

其ノ四

朝廷では妹子を流刑に処す声が上がるが、推古天皇は妹子を赦した

600年に隋に渡った使者がいた!

小野妹子は最初の遣隋使ではなかった!?

『隋書』に書かれたもうひとりの遣隋使

607年、遣隋使として隋へ渡った小野妹子。だが、彼より7年も前に隋へ派遣された人物がいた!

妹子の渡航が記された『日本書紀』には〝600年の遣隋使〟の記録はない。だが、『隋書』の東夷伝《とういでん》倭国状《わこくじょう》によると、この〝600年の遣隋使〟は隋の文帝《ぶんてい》に倭国の政治や風俗についての話を伝えたという。ところが文帝はそれを「義理のないもの」と評した。これを〝蛮夷《ばんい》な国〟と侮辱されたと受け取った倭国は『日本書紀』への記録を見送ったというのだ。

妹子が『日本書紀』に記載されたワケ

その後、607年に小野妹子が隋へと渡る。当時、ヤマト政権は朝鮮南部に保持していた勢力基盤が危うく、隋は中国を統一して高句麗《こうくり》遠征を企んでいた。この情勢下で、ヤマト政権は隋と〝独立した国〟としての外交関係を結ぼうと考えた。この目的を果たすための外交使節として選ばれたのが小野妹子だったのだ。彼は隋の皇帝・煬帝に国書を提出。

　そこに綴られた文言が煬帝を激怒させ、妹子は帰国することになるが、〝600年の遣隋使〟と違って彼は隋の使者を伴って帰国。隋は高句麗とヤマト政権が結束しないよう、良好な関係を結ぼうとしたのである。結果、友好の証《あかし》として隋の使者を連れて帰ってきた妹子は政権の期待に応えたことになる。この功績が評価され、『日本書紀』に〝初めて〟の遣隋使として記録された……というのが遣隋使をめぐる真実なのだ。

歴史書が明かす偽りの親族関係

兄弟ではなかった!? 天智天皇と天武天皇

輝かしい功績を持つ偉大なる兄弟

大化の改新で大きな功績を残し、最大の功労者とも呼ばれた天《てん》智《じ》天皇《てんのう》。彼の死後、壬申《じんしん》の乱を経て弟・天武天皇《てんむてんのう》が皇位を受け継いだ。このように、これまで兄弟とされてきたふたりだが、実際には実の兄弟ではなかったのではないかという説が浮上している。天智天皇と天武天皇が兄弟であることは『日本書紀』『古事記』で示されているが、ほかの歴史書に書かれた年齢を計算すると、矛盾が生じてくるのだ。

たとえば『本朝皇胤紹運録《ほんちょうこういんじょううんろく》』では、天武天皇は686年に65歳で亡くなったと記されている。そこから41年前の大化の改新時の彼の年齢を割り出すと、彼が24歳のときに大化の改新が起こっている。しかし、『上宮聖徳法王帝説《じょうぐうしょうとくほうおうていせつ》』によれば、兄であるはずの天智天皇は、そのとき20歳だったというのだ。弟の天武天皇を兄の天智天皇が4歳も下回っている……タイムパラドックスでも起きたのだろうか。

天智天皇はふたりいた？

天智天皇にはさらなる憶測も飛び交っている。彼は626年に生まれたというのが通説であるが、前述の『上宮聖徳法王帝説』では614年となっている。そのため、実は天智天皇はふたりいたのではといわれているのだ。この説が真実なら、平安時代の歴史書『扶桑略記《ふそうりゃくき》』で綴られた〝天智天皇暗殺説〟も、〝病死した天智〟と〝暗殺された天智〟のふたりが存在していると考えればあり得る話なのだが……。

本当に兄弟？
天智天皇と天武天皇

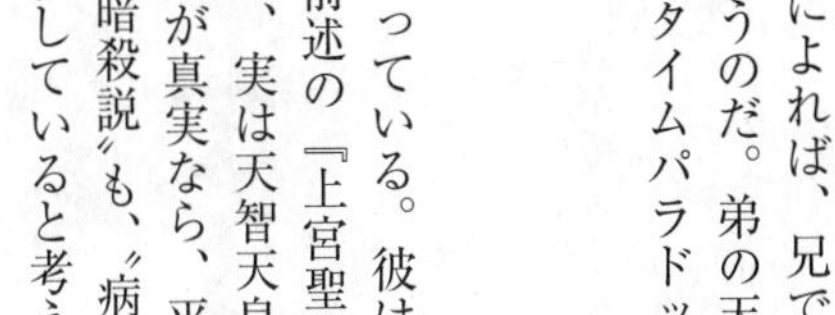
年齢誤差
弟・天武天皇
686年に65歳で死去。そこから大化の改新時は24歳だったと割り出せる
兄・天智天皇
大化の改新時、天武天皇が24歳なら天智天皇は29歳であるはずだが……

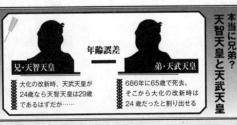

石が示すものとはいったい？

飛鳥時代から残る謎の石造物の正体は？

数多く残された石の遺跡

奈良県の明日香《あすか》村には飛鳥時代の遺物が数多く残されているが、中でも目を引くのが石の遺跡である。〝猿石〟〝亀石〟など見かけに応じて名前がつけられているが、これらは何のために存在していたのだろうか？

一説によると、猿のような動物をかたどった〝猿石〟に関しては、その軽妙な見かけから客人をもてなすためなどといわれ、巨大な亀のような形をした〝亀石〟は、それが置かれている川原寺《かわらでら》の所領の四隅を示す石標といわれている。どちらにしても推測の域を出ないものだったが、近年これらの石造物は〝水〟に関係したものではないかという説が立てられている。

正体を暴くキーワードは水か？

飛鳥の人々は近くに流れる飛鳥川を中心に、水の制御も行なっていたとされており、治水技術が進歩していた。水落《みずおち》遺跡の水時計の遺構や噴水施設など石を使った遺跡も多く、謎の石造物もそれらと同様に水との関わりが示唆されているのだ。中でも注目されているのが、円形の窪《くぼ》みとそれらをつなぐ溝が掘られた〝酒船石《さかふねいし》〟といわれる石である。以前は酒の醸造に使われたと思われてきたが、近くに呪術的な文様をした亀形の石槽《せきそう》が発見されたことから、占いや祭祀《さいし》に使われていたのではないかといわれるようになった。いずれにしろ水に関連したものであることは間違いない。

まだまだ謎が残る飛鳥の遺跡だが、水と結びつけることで答えが見つかるはずである。

謎の石造物にまつわる数々の噂

猿石
そのひょうきんな表情は、伎楽《ぎがく》の演者を表現しているのではないか？

亀石
亀石の頭は少しずつ角度を変えており、西を向いたとき大洪水が起きる？

酒船石
周りが庭園のようになっていることから、観賞用に作られたのでは？

二転三転する貨幣問題の行方は……？

日本最古の流通貨幣は和同開弥？富本銭？

世紀末に出土した富本銭

近年まで日本最古の流通貨幣は７０８年に鋳造された和同開弥《わどうかいちん》だといわれてきたが、１９９９年に飛鳥池《あすかいけ》遺跡から発見された銅《どう》銭《せん》によって、その歴史が覆されようとしている。その銅銭は名を富本銭《ふほんせん》という。

『日本書紀』には６８３年に銀銭、銅銭が発行されたとの記述があり、それがこの富本銭ではないかとささやかれている。そうなると、和同開弥より古い貨幣ということになるが、和同開弥のように流通貨幣として使われていたとはいい切れない。

流通していた証拠はないが……

富本銭が流通貨幣でないとする根拠としては、発行直後に私鋳《しちゅう》銭《せん》を禁じる法令が出された記録がなかったこと、宗教的な目的を持った厭勝銭《えんしょうせん》として作られた可能性があることなどが挙げられる。前者は、和同開珎発行直後に私鋳銭を禁じる法令が出ていたことからの考察で、この法令がないと私鋳銭を容認していたことになる。後者は、当時の宗教事情から考えられたものであり、『日本書紀』の記述も厭勝銭に関する規定であったとする説である。和同開珎と比べると広く貨幣として使われていた記録が残されていないのである。だが、富本銭発行から和同開珎発行までわずか25年しかなかったことを考えれば、情報が少ないのもうなずける。確かに証拠はないが、否定側の意見には、どうもこの富本銭を流通貨幣として認めたくないという思惑があるようにも見えるのだが……。

知っておきたい用語集

私鋳銭

公の金ではなく私的に偽造された銭のこと。贋金《にせがね》。奈良時代から使われ始め、室町時代中後期には最盛期を迎えていた。鎌倉、堺、博多などでは工房跡が見つかっている

厭勝銭

まじないに使うために吉祥の文句や特殊な図像を刻んだ銭。中国では漢の時代から作られており、日本では室町から江戸時代にかけて作られたといわれている

念願の来日を果たした僧

「鑑真＝盲目」説は間違いだった？

渡航中の鑑真を襲った悲劇

栄叡《ようえい》、普照《ふしょう》とともに７４３年から何度も渡日を試みた鑑真《がんじん》。しかし、すべての渡日に失敗、そして5度目の渡航中には栄叡が病に倒れて亡くなってしまう。

この栄叡の死のショックと、ピークに達した渡航での疲れのダブルパンチで、鑑真は両目の視力を失ってしまった……というのがこれまでの通説。ところが最近、鑑真の視力は完全には失われておらず、ものを見ることができたのではないか……という新説

度重なる渡海挑戦
鑑真が日本にたどり着くまで

其ノ一

７４８年。日本を目指して出航。しかし暴風に見舞われて漂流

が浮上した。

証拠は、正倉院《しょうそういん》に伝わる〝鑑真書状〟の中にある。これは、鑑真の失明後に彼の弟子によって書かれたといわれてきた文書だが、筆跡がこれまでに見つかった彼の弟子たちの筆跡と異なることが明らかになったのだ。

さらにいえば、最後に「鑑真」と記された署名部分は、かなり崩された文字であるが、尊敬する師の名前を崩して書くなどあり得ない。鑑真が書いたものだとすれば〝失明説〟が揺らぐことになる。

不自然な運筆の跡

さらにその文書の文字には、目に障害を持つ人特有の、不自然な力が加わった筆使いが見られるという。弱いながらも若干の視力が残っていた可能性は高い。

不自由ながらも残された視力で、鑑真は自分が生きていた〝証〟を後世に残したのである。

其ノ二
14日間にわたる漂流の末、海南島（ベトナム沖）へ漂着。約1年間滞在

其ノ三
751年、中国に戻るため出航。しかし、途中で栄叡が死去（このときに失明したといわれている）

其ノ四
753年、大伴古麻呂の大使船に乗船、念願の来日を果たす

有間皇子、大津皇子、エトセトラ……

『万葉集』に秘められた「罪人」たちの想い

無念な想いが伝わる〝罪人〟たちの歌

飛鳥・奈良時代に編纂された現存最古の歌集『万葉集』。３５０年もの長い年月をかけ、上は天皇から下は一般庶民まで、幅広い身分の人々の歌が４５００首以上も収められた貴重な歌集だ。幅広いというだけあって、中には罪人と〝された〟者たちの歌も存在する。あえて〝された〟とした。実は彼らは無実だったのだ。

たとえば中大兄皇子に罪を着せられた有間皇子《ありまのおうじ》。彼は連行され

継承争いに巻き込まれた大津皇子

其ノ一

鸕野讃良《うののさらら》皇后（持統天皇）は夫が天皇となり、皇后となる

た際に「ふたたび無事に戻ることができれば、この松枝の結び目を見ることもできるのに」と、生きて帰ることを切実に願う歌を残している。

さらに持統天皇が息子に跡を継がせるために濡れ衣を着せられた大津皇子。彼の姉が無実の罪を着せられた弟の運命を想い、やるせない気持ちを表現した歌も万葉集には収められている。

真実を主張できない理由

濡れ衣であることが明白なのに汚名がそそげなかったのは、「国家の理論」が優先されたため。彼らの無実を認めれば、天皇が罪をなすりつけたことが明らかになってしまう。天皇が絶対とされていた時代、これを認めるのは不可能だった。どんな身分であろうと、天皇の誤りを指摘することは許されなかったのだ。『万葉集』にこうした〝罪人〟の歌が収められているのは、濡れ衣を着せられた人々の無念を、少しでも軽減させたいという選者の想いがあったからかもしれない。

其ノ二	其ノ三	其ノ四
夫の没後は、自分の皇子を皇太子にしようと企む	しかし、皇太子には姉の皇子、大津皇子が有力視されていた	大津皇子に濡れ衣を着せ、処刑させることで、自分の子を皇太子にした

美しいバラにはトゲがある

小野小町は男を自殺に追い込んで呪われた!?

幾多の男を惑わした美女

六歌仙のひとりに数えられるほどの歌の才と、世間がうらやむ美貌を併せ持った小野小町。出自についてはくわしく明かされていないが、その美貌に関するエピソードは数知れず。男から言い寄られる類いの話は枚挙にいとまがない。中でも有名なのが「深《ふか》草少将《くさしょうしょう》の百夜《ももよ》通い」である。

要約すると内容は次のようになる。小町にひと目ボレした深草少将が求愛したところ、彼女は「百夜通い続けたら契《ちぎ》りを結ぶ」

と約束。その要求を受けた少将は居宅から小町の住む里までの5キロの道のりを毎晩通い続けた。だが99日目の夜、少将は大雪に見舞われ、志半ばにして凍死してしまう……。

思わせぶりな態度を取っておいて……

このエピソードを聞くと、無残にも結ばれなかった男女の悲恋の物語のようにも見えるが、実はこの話には小町の悪女性が表れた別のエピソードがある。

少将が通い始めて100日目の晩、小町は何と約束を破って逃げ出してしまったというのだ。追いかけてくる少将から逃れるために、小町は侍女に自分の服を着せて身代わりにした。それを見た少将は怒り狂い、池に身を投げたという。

小町の晩年に焦点を当てた能楽「卒都婆小町《そとばこまち》」には、彼女が少将の霊に取りつかれて没落した姿も描かれている。美しさゆえに多くの男を惹《ひ》きつけた小町だが、それゆえに生まれた悲劇は数知れない。

さげすまれ「出世」を渇望

陰陽師・安倍晴明は出世欲丸出しの俗物？

出世するため陰陽師になった晴明

安倍晴明《あべのせいめい》といえば希代の陰陽師《おんみょうじ》。京都にある晴明神社は、今も参拝者の列が途絶えないほどの人気ぶりだ。

平安中期を舞台に活躍した彼はやがて「天文博士」という称号を得たが、それは晴明52歳のこと。意外にも遅咲きだ。というのも、彼はもともと朝廷の下級官吏。親の七光りやコネがない彼は朝から晩まで雑用に勤《いそ》しんだという。やがて役人としての将来に見切りをつけ、キャリアアップを図った彼が目をつけたのが、「陰陽師」という職だった。当時、最先端の呪術・科学であった天文道のエキスパート・陰陽師は重用され、朝廷内でも強い発言力を持っていた。彼は将来の見込みがない役人を辞めて、新たに陰陽師として出世をもくろんだのである。

晴明にまつわる出生の秘密

彼はなぜ役人を辞めてまで出世にこだわったのか？　それは、彼の出生の秘密に起因している。

彼に関する逸話に「晴明は和泉国信太《いずみのくにしのだ》の森の老狐から生まれた」というものがある。ある日、常陸国《ひたちのくに》筑波山麓の猫島に、遊女に化けた老狐がやってきた。老狐はそこで安倍仲麻呂《あべのなかまろ》の子孫という男と結ばれ、清明（晴明？）が誕生したというのだ。それゆえ、彼は幼い頃から「狐から生まれた化け物」と周囲からけむたがられたという。そんな不名誉なレッテルを貼られて育った彼にとって、周囲の声を黙らせるためには役人という地位を捨ててでも「出世」するしかなかったのだ。

安倍晴明の驚くべき術の数々

其ノ一
紙に霊力を吹き込んで鳥や動物の形をした式神《しきがみ》を作り、自在に操った

其ノ二
呪文を込めた草の葉を蛙《かえる》の上に投げ落とすと、蛙は潰れて死んでしまった

其ノ三
十二神将という12人の武神を操り、酒の支度や掃除洗濯などをさせた

学問の神様、そのもうひとつの顔とは⁉

人々を恐怖に陥れた菅原道真の怨霊

非業の死を遂げた道真

受験生の多くが合格祈願に参拝する場所といえば、天神様を祀った神社だ。京都の北野天満宮《きたのてんまんぐう》や福岡県の太宰府《だざいふ》天満宮、山口県の防府《ほうふ》天満宮など全国に点在し、〝天神様〟こと菅原道真《すがわらのみちざね》が祀られている。こうして彼が祀られているのは、単に学問に優れていたためだけではない。実は、非業の死を遂げた彼の怨霊《おんりょう》を鎮めるために祀られたともいわれているのだ！

学問に長《た》けていた道真は、異例の早さで文章博士《もんじょうはかせ》に就任。順調に出世を遂げ、ついには右大臣にまで上り詰める。だが、901年、彼は謀反の嫌疑をかけられ、大宰府に左遷されてしまう。実はこれ、すべて道真の政敵であった左大臣・藤原時平《ときひら》の差し金だったというのだから報われない。

学問の神様のもうひとつの顔

道真の死後、京の都には異変が続発。天皇の皇子が次々に病死した上、清涼殿《せいりょうでん》は落雷で多くの死傷者を出すという非常事態に陥った。

人々はこれを「道真の祟りだ」と恐れ、もともと火雷天神《からいてんじん》が祀られていた京都の北野に天満宮を建てて道真の怒りを鎮めようとしたのである。この天神信仰はやがて全国に広まり、各地に祀られた〝祟り封じ〟は、生前の道真が優れた学識の持ち主だったことから次第に学問の神へ変貌し、信仰されるようになった。天神様の真の姿は、人々を恐怖のどん底に陥れた〝荒ぶる神〟だったのである。

菅原道真
学識に優れていた道真だが、その才は文芸にとどまらなかったという。弓遊びが行なわれたとき、道真の射た矢は何と百発百中で門人たちを驚かせたという。文武両道に秀でた人物だったのである。

女ふたり集まれば対立するもの？

犬猿の仲だった清少納言と紫式部

勃発！　清少納言VS紫式部

女流文学が隆盛を極めた平安時代。その中心が『枕草子』の清《せい》少《しょう》納《な》言《ごん》と『源氏物語』の紫《むらさき》式《しき》部《ぶ》である。

このふたりの才女、俗説として〝仲が悪かった〟とされるのは、その対称的な性格ゆえだろう。

「人に一番気に入られたい」とは、清少納言の言葉。宮廷で生活し、まさに社交界の花形的存在であった彼女は、自分の才能をより多くの人に認めてもらうことを望んだのである。そんな清少納言に対して、紫式部は「宮中のようなところで、どうして見識をひけらかしたりできるのか」と言って批判したのだ。

ふたりが活躍した時期には若干のズレがあり、実際に顔を合わせることはなかった。しかし、お互いに相容《い》れない存在であったことは間違いなさそう。

ライバルがいたからこそ……

また、彼女たちの不仲説を後押しする根拠に、とある政治的背景が存在している。ときの一条《いちじょう》天皇は「一帝二后」というふたりの妻を置くシステムの祖であり、皇后に定子《ていし》、中宮《ちゅうぐう》には彰子《しょうし》を立てていた。そして清少納言は定子に、紫式部は彰子に仕えていたのである。仕える后《きさき》同士がにらみ合っているのだから、ふたりが相反する関係であったことは想像できるだろう。

とはいえ、ライバルがいたからこそ互いに高め合うことができたのもまごうことなき真実。そんなふたりの対立関係が、女流文学の隆盛につながった……といえるのかもしれない。

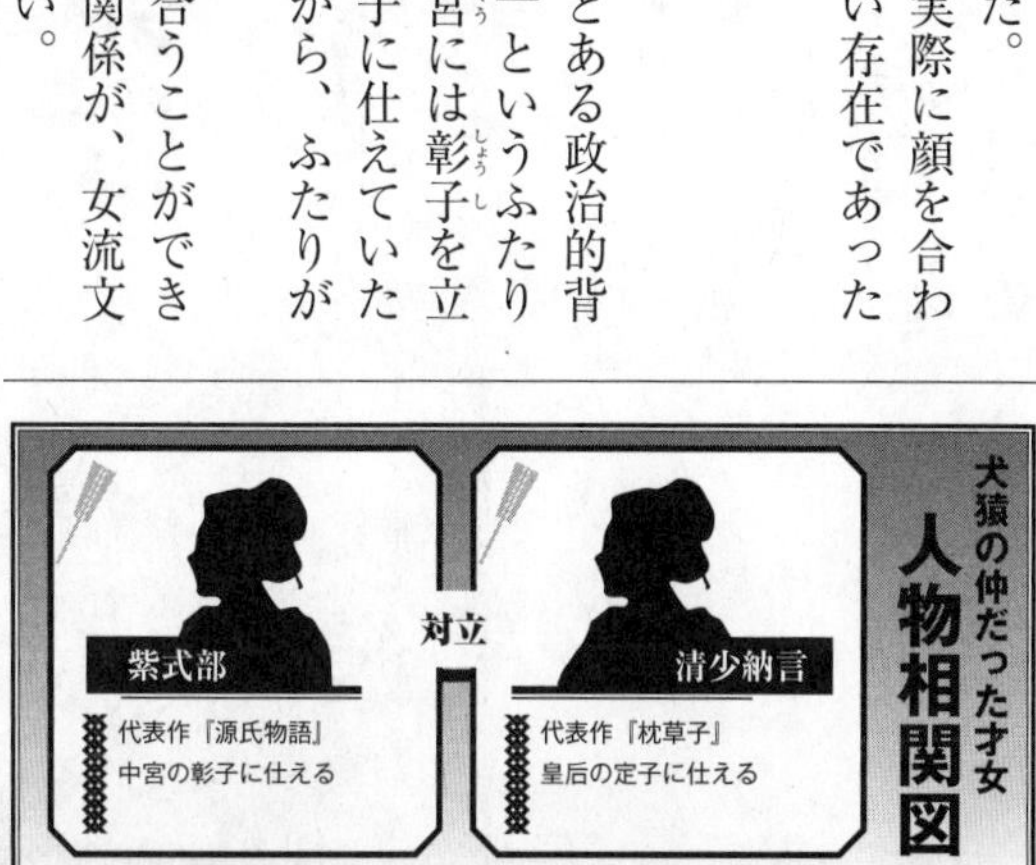

派手な恋愛遍歴をたどった歌姫

天才歌人・和泉式部はアバズレ女だった!?

結婚しても恋に夢中!?

和泉式部《いずみしきぶ》は中古三十六歌仙のひとりで、王朝歌人の中でも随一といわれるほど才能に恵まれていた。私生活では15歳にして和泉《いずみの》守橘道貞《かみたちばなのみちさだ》に嫁ぎ、一女を産むが、道貞の陸奥《むつ》赴任に際して寒い国に行きたくないとわがままを言って、夫を単身で送り出した。都に残った式部は、夫の留守中、漁色家で知られる為尊親王《ためたかしんのう》に口説かれて関係を持つ。彼を忘れられずに恋文にしたためて贈ったのが、小倉百人一首にも採られた「あらざらむ この世のほかの

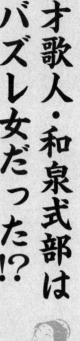

思ひ出に 今ひとたびの 逢ふこともがな」という歌である。

最愛の男性を立て続けに失い……

為尊親王が26歳で早世すると、間に何人かの男たちとの味気ない関係を経て、運命の相手・敦道親王《あつみちしんのう》と出会う。彼は為尊親王の弟で、兄に輪をかけて美男で、かつ男らしかった。ふたりは当然のごとく恋に落ち、のぼせ上がった敦道親王は、式部を自分の館に連れ込んでしまう。こうした敦道親王との日々を記したのが『和泉式部日記』である。

幸せは長く続かず、敦道親王も兄同様に早世してしまう。宮廷に出仕した式部は、すでに離婚していたこともあり、30歳過ぎで摂政・藤原道長《みちなが》の四天王のひとりである藤原保昌《やすまさ》と再婚した。道長から「浮かれ女」と評された式部だが、恋愛遍歴の最後はこの保昌となったようだ。夫の任地・丹後に下った後の晩年は、派手な前半生から一転、寂しいものだったという。

怪奇！　空飛ぶ生首の真実!!

胴体を求めて飛んだ武将・将門の首

将門の首塚は日本各地に点在した！

東京都千代田区、オフィス街の一角にひっそりと佇《たたず》む小さな祠《ほこら》がある。反乱に敗れて殺害された武将・平将門《たいらのまさかど》の首が、京から飛んできて落ちたとされる場所だ。

桓武《かんむ》天皇から5代後の末裔となる将門は、父親の遺産である土地を親族に執拗《しつよう》に狙われ、ついには逆襲して伯父を殺害してしまう。さらに、その勢いに乗じて常陸国府《ひたちこくふ》を襲撃・占領し、自ら〝新皇〟と称したのである。だが、わずか五十数日後、朝廷から逆賊の汚名を受けてあっけなく謀殺されてしまった。

怪奇現象を巻き起こす将門の首……

討ち取られた将門の首は、京の七条河原に晒《さら》された。だが、不思議なことに3ヵ月経っても首は変色せず、しかも将門の目はカッと見開き、まるで歯ぎしりしているようだったという。そんなある日、歌人・藤六左近が将門の首を見て歌を詠んだ。すると地面が轟き、稲妻が走るとともに将門の首が雄叫《おたけ》びを上げたのだ！

「躰《からだ》につけていま一戦させん。俺の胴はどこだ！」

この叫びは毎夜、京中に鳴り響いて人々を恐怖で震撼させた。だがある夜、将門の首は胴体を求めて空を飛び、坂東《ばんどう》、つまり今の関東に消えていったという。首が落ちたとされる場所は、先の千代田区の首塚以外にも、岐阜県大垣市の御首《みくび》神社や同県の南宮《なんぐう》神社（現在の南宮大社）など諸説ある。将門の首は、日本各地をさまよったあげく自身の胴体を見つけることができたのだろうか？

第1章 幕末・維新
第2章 戦国
第3章 江戸
第4章 古代
第5章 中世
第6章 近現代

第5章 中世

最晩年にケンカ別れ!?

西行は清盛を見捨てて頼朝についた!?

希代の悪漢と漂泊の詩人は元同僚！

『平家物語』の描写や日本人の〝判官びいき〟により、これまで悪漢とされてきた平清盛《たいらのきよもり》。しかし2012年の大河ドラマ『平清盛』では、その知られざる姿が描かれている。卓越した政治力とカリスマ性で武士としては日本初の覇者となった男は、人情味あふれる好漢だった、と。そして、その清盛と生涯を通じての親友として描かれているのが、漂泊の詩人として知られる西行《さいぎょう》である。もともと武門の家柄だった西行は、清盛とは同い年の友人で、ともに北面の武士として鳥羽上皇の身辺警護にあたっていた。

ふたりの交流と不可解な距離感

流鏑馬《やぶさめ》など武芸のみならず、和歌や蹴鞠《けまり》にも才があった西行は、将来を嘱望されていたにもかかわらず、23歳のときに出家。山里の草庵を転々とする生活に身をやつす。その後、奥州平泉への旅を経て高野山に入ってからも、西行と清盛の交流は続いていたようだ。

高野山に課された造営費用の免除を清盛に依頼した「円位書《えんいしょ》状《じょう》」のほか、清盛への期待を表したり偉業を称《たた》えるような和歌が残されている。

ところが、これをもって〝生涯の親友〟とするには、いささか無理がある。そもそも同じ北面の武士だったとはいえ、清盛と西行では当時の身分が違いすぎたからである。また、清盛の死に関わる和歌を残していないのも、生涯の友だったのだとしたら不自然だ。

知っておきたい用語集

北面の武士

白河法皇が創設した院の直属軍。御所の北側に詰め所があったことから、こう呼ばれた。おもな任務は院の身辺警護だが、寺社の強訴を止めるため動員されることもあった

円位書状

西行から高野山に宛てた書簡で国宝。高野山に課された和歌山日前宮《ひのくまのみや》造営の賦役免除を清盛に頼み込み、認められた報告がなされている。ちなみに、「円位」は西行の法名

権力者とはだいたいトモダチ!?

晩年、後白河法皇を幽閉した清盛に対して、西行が失望したとする説もある。だとすれば清盛の死後、源頼朝《みなもとのよりとも》と面会した西行の動きに疑惑が生じる。清盛を見限って頼朝に接近しようとしたのではあるまいか。

また、先の失望説を採れば、後白河法皇の使者だった可能性も浮上してくる。折しも、頼朝が弟の義経《よしつね》と決定的に対立していた頃である。表向きは勧進《かんじん》(浄財の寄付依頼)目的で義経と縁深い奥州平泉へ赴くにあたり、安全の保証を得るためとされているが……。

面会時、歓待した頼朝とは対照的に、西行はつれない態度だったという。贈り物としてもらった純銀の猫まで、通りすがりの子どもに与えたという徹底ぶり。イメージとはかけ離れた無頼ぶりである。演出過多、ととらえることもできる。その裏に、なんらかの政治的取引があったとしても不思議ではない。

実は出世を約束されたサラブレッド!?

平清盛の父親は白河法皇だった!?

成り上がりのイメージと出生の秘密

平清盛といえば、武家の出身でありながら太政《だいじょう》大臣の位にまで上り詰め、一族郎党ことごとくを官職に就け、「平家にあらずんば人にあらず」と身内に言わしめた傑物である。

頭角を現したのが保元《ほうげん》の乱（清盛39歳）、平治《へいじ》の乱（同42歳）を制した中年期だったことから、一般的にルックスのイメージは完全にオッサンのそれだろう。

出家して剃髪《ていはつ》した51歳以降の姿を思い浮かべる方も多いかもし

れない。エネルギッシュな風貌は、〝成り上がり〟のイメージとどこかリンクする。

だがしかし、清盛には〝やんごとなき貴人のご落胤《らくいん》〟という噂が付きまとう。誰あろう、「天下三不如意《てんかさんふにょい》」で知られる白河法皇である。

侵されざる白河法皇の権威

「天下三不如意」とは、『平家物語』に登場する白河法皇の思い通りにならない3つのもの――賀茂《かも》川の氾濫水、すごろくのサイ、山法師《やまほうし》（比叡山延暦寺の僧兵）を指す。逆にいえば、この3つ以外のことであれば、すべてが意のまま。当時、白河法皇の権力はそれほど絶対的であった。

その絶対権力者と血がつながっているとなれば、平治の乱以降の清盛の大躍進も合点がいく。

『平家物語』によれば、母親の祇園女御《ぎおんのにょうご》は白河法皇の寵愛を受けた後、平忠盛《ただもり》との間に清盛を授かったとされている。

祇園女御は氏素性《うじすじょう》も生没年も不詳だが、妹の子を猶子《ゆうし》にしたとする説もある。その子どもこそ、平清盛であるともいわれている。

権力の頂点に立った親子の共通点

いずれにせよ、清盛は祇園女御の後押しを得て、出世街道を駆け上がる。武家の出で太政大臣の地位にまで上り詰めるなど、異例中の異例である。

のちに天下を取った武家出身の源頼朝が、朝廷とは一線を画して鎌倉幕府を開いたのとは好対照である。清盛は、あくまでも既存の権力基盤にこだわった。天皇の外戚となり、政《まつりごと》をほしいままにすることにこだわった。それはまるで、父親とされるかつての白河法皇のように。

この親にして、この子あり。

「平家にあらずんば人にあらず」は、清盛が発した言葉ではない。けれども白河法皇の「天下三不如意」の意識は、脈々と受け継がれていたのかもしれない。

絶世の美女・常盤御前は妖女だった!?

清盛に取り入り平家を滅ぼした常盤御前

時代もひれ伏した、その女の魅力

常盤《ときわ》御前《ごぜん》は、源平時代において、もっともスキャンダラスでミステリアスな女性だ。

彼女はもともと雑仕女《ぞうしめ》いう下級の女官であった。これは、美女１０００人の中から１００人を選び、１００人の中からさらに10人に絞り、10人の中でも、もっとも美に秀でている者を選出する形で決められたという。当時、常盤御前はわずか13歳。こんな逸話からも、常盤御前が人並み外れた美貌を持っていたことが窺い知れるだろう。

平家滅亡のきっかけを作った!?

やがて、源義朝《みなもとのよしとも》の妻になった常盤御前は、今若《いまわか》、乙若《おとわか》、牛若《うしわか》の3人の子をもうけるが、子どもたちが幼いうちに義朝は平治の乱で殺されてしまう。

当時は強い男が好かれた時代。常盤御前もまた、勝者である平《たいらの》清盛《きよもり》に惹かれていった。そして、清盛と男女の関係を結び、子どもたちも助命された。

やがて、彼女は清盛の下で廊御方《ろうのおんかた》と呼ばれる清盛の娘を産む。廊御方は右大臣・藤原兼雅《ふじわらのかねまさ》の妾となり、清盛の庇護を受けて幸福な人生を歩んでいった。

のちに清盛と別れた常盤御前は、中級貴族・一条長成《いちじょうながなり》の妻となり、そこでも何人かの子どもをもうけた。その後も彼女は豪族の男と関係を結び歩き、次々と子どもを授かっては産んでいった。

何人もの男を手玉に取った常盤御前。彼女の色香に惑わされた平

常盤御前をめぐる人物相関図

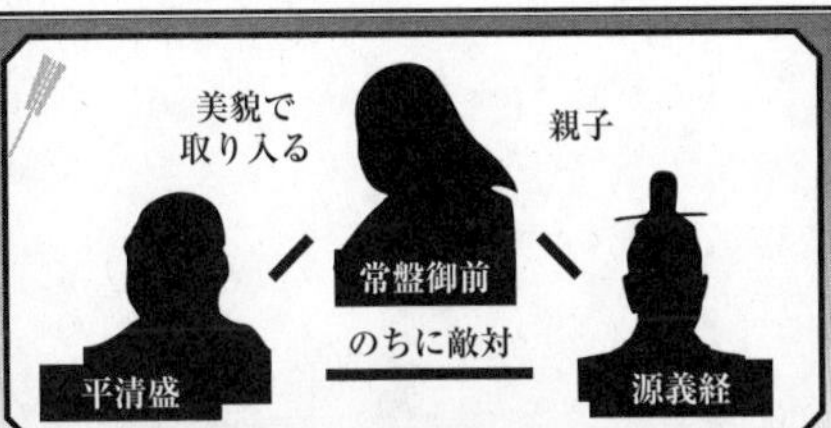

清盛が、彼女の子である源義経を助けたことで平氏が滅びたと指摘する学者も少なくはない。

非業の死か穏やかな余生か……？

常盤御前と義朝との間に生まれた3人の男児は、3男の牛若（義経）のみならず、いずれも鎌倉幕府成立の過程で命を落とした。

母である常盤御前もまた、現在の岐阜県関ヶ原町にて命を落としたと伝えられており、かの地には彼女の墓がある。とはいえ、彼女の消息を示す文献は残されておらず、群馬県前橋市や鹿児島県鹿児島市、埼玉県飯能《はんのう》市にも常盤御前の墓とされるものがある。

ちなみに、一条長成との間にもうけた嫡子・能成《よしなり》は、義経と行動をともにしていたため、頼朝によって政界を追われている。それでも義経の死から19年、頼朝が没して9年後の1208年12月、能成は政界に復帰。従三位まで出世し、75歳で天寿をまっとうした。一説には、この能成の下で、常盤御前は余生を静かに暮らしたともされる。

奥州平泉でのビッグサプライズ

西行は源義経と会っていた!?

一致する奥州平泉入り

西行晩年の1186年、奥州平泉を訪れた際に源義経と会っていたという説がある。源頼朝と対立した義経は、前年11月には態勢を立て直すべく船団を組んで西国へ向かったが、暴風により難破、以降は京都近辺を転々として1187年3月までに奥州平泉に入ったとされる。西行が奥州平泉に入る前、頼朝と面会して鎌倉を発《た》ったのが8月16日であることを鑑《かんが》みると、秋には奥州平泉にいた可能性が高い。西行が奥州を発った日は明らかになっていないが、冬の旅路を避けて春先まで滞在していたと考えると、義経と面会していた可能性はさらに高まる。

『山家集』に掲載された面会の証拠

義経と西行が奥州平泉で会っていたとして、いったい何を話したのだろうか。『山家集《さんかしゅう》』には以下のような歌が収められている。

「涙をば　衣川《ころもがわ》にぞ　流しつる　ふるき都を　おもひ出でつつ」

添え書きには、罪を犯して陸奥《むつ》に送られた僧侶が都を思い出して涙を流していた、とある。さらに西行は、その僧侶が語った話を物語にしたい、と言ったという。

そして、この歌が義経との面会を詠んだものだとする説がある。義経の涙ながらの話を聞いた西行が、頼朝の理不尽さに憤り、「物語にして後世に残したい」と言ったというのだ。とはいえ、頼朝の目は怖い……結果、義経を「奈良の僧侶」に変えて『山家集』に掲載したようだ。

西行の自己中心伝説

其ノ一
出家の妨げとなる煩悩だとして、娘を足蹴にして泣かせる

其ノ二
出家後、みすぼらしい服を着た娘を見て勝手に落ち込む

其ノ三
娘が貴族の侍女になったと聞きつけるや、連れ出して出家させる

海に落とした弓を命懸けで拾い上げるが……

英雄・源義経はろくに弓も引けない軟弱男!?

伝説のヒーロー・源義経

勇猛果敢な武将として多くの武勇伝が語り継がれる源義経。彼の武者ぶりは『平家物語』に綴られ、平家方に勇敢に立ち向かっていった姿が窺える。

そんな伝説のヒーローとして伝えられる義経だが、そんな彼にも人に知られたくない〝恥ずかしい〟秘密があったのだ。

その出来事が起こったのは1185年の屋島《やしま》の戦いのとき。義経は平家方の熊手に引っかけられて、そのはずみで海に弓を落としてしまった。慌てた義経は鞭《むち》で弓を拾い上げようとするが、そこは戦闘まっただ中の船の上。たかが弓拾いのために必死になって危険を冒そうとする義経を見た老武者たちは〝あぁ情けない〟と非難した。しかし、義経はなぜかかたくなで、その言葉に耳を傾けようとはしなかったとか。その後、やっとの思いで弓を拾い上げることができた義経は、笑いながら陣に引き返していったという。

反対を押し切ってまで弓拾いを試みて……

その後、義経は家臣たちに向かってこのように言ったという。「決して弓が惜しくて拾ったわけではない。自分の弓が2人や3人がかりでやっと弦を張れるような立派で強い弓だったなら、わざと敵に拾わせたことだろう。こんな張りのない弓が敵に拾われて『これが源義経の弓だ』と嘲笑されるのはごめんだ。だから命を危険にさらしてでも拾ったのだ」。当時、戦術面では戦果を上げていたが、背が低く、体力にも自信がなかったという。義経のコンプレックスが伝わるエピソードである。

屋島の戦い　勢力図

平氏		源氏
平宗盛	VS	源義経
田口成良		近藤親家
桜庭良遠		佐藤継信
平教経		佐藤忠信
菊王丸		那須与一
田内成直		伊勢義盛

すべてはフィクションだったのか!?

武人・武蔵坊弁慶は架空の人物？

実在したのか？　疑惑の人物・弁慶

豪傑の代名詞として知られる、武蔵坊弁慶。源義経との決闘や仁王立ちの大往生など、彼の生涯は今もなお語り種《ぐさ》になっている。

だが、実のところ彼が実在したかどうかは定かではない。というのも、その逸話の多くが後世に創られた物語『義経記《ぎけいき》』で描かれたものだから。生まれながらにして3歳児の体型だったことや、1000本の太刀を奪おうと悲願を立てたこと、さらに源義経に出会い家臣になったこと……そのすべてがフィクションである。では、史実における弁慶とはいったい、どんな人物なのか。『吾妻鏡《あずまかがみ》』には義経の重臣のひとりとしてその名が記され、『平家物語』では目立たない武将として登場するのみ。驚くことに、これ以外に弁慶について記された史料は残されていない。

武蔵坊弁慶に関するさまざまな説

謎多き弁慶については諸説ある。『義経記』によると、比叡山に預けられていた彼は乱暴を働いたため追放されたらしい。また、比叡山延暦寺と総本山園城寺《おんじょうじ》の抗争の首謀者として追放されたという説もある。さらに、「弁慶の立ち往生」の舞台となった衣川の合戦だが、驚くことに彼は衣川では死なず、青森県や北海道に逃れたともされる。どれが真実なのだろう。我々が知っている天下無双の武人、弁慶。だが、それはすべて物語が作り出した人物像だった。真実の彼を知る者は誰もいないのだ。

武蔵坊弁慶の逸話

其ノ一
生まれたときには3歳児の体つきで、奥歯も前歯も生えそろっていた

其ノ二
五条大橋で源義経に勝負を挑んだが返り討ちに遭い、以後、義経の家来となる

其ノ三
義経を守って堂の入り口に立ち、雨のような敵の矢を受けて立ったまま絶命

誰もが知る肖像画の真実

源頼朝の肖像画は足利直義がモデル!?

肖像画の中に描かれた矛盾

神護寺《じんごじ》（京都市）に所蔵される源頼朝の肖像画は、誰もが一度は目にしたことがある〝超〟有名なものだ。しかし1995年、この肖像画について衝撃的な新説が発表されたのである。

それはこの肖像画のモデルが頼朝ではなく、室町幕府初代将軍・足利尊氏《たかうじ》の弟の足利直義《ただよし》であるというのだ。

その理由として、冠や毛抜型太刀《けぬきがたたち》の形式が頼朝の時代には存在しなかったという点や、肖像画に描かれた目や鼻、口、耳などの表現様式が、14世紀中期に制作されたものと一致する点などが挙げられる。何より、肖像画の像主が頼朝であるということがどこにも記されていないのだ。

唯一、大英博物館に頼朝像が残されているが、これは明らかに神護寺にある頼朝のものとされてきた肖像画を模写したもので、18世紀以降に成立したものだと研究で証明されている。

直義が願文の中で綴った衝撃の事実

また、直義が神護寺に宛てた願文《がんもん》の中に〝結縁《けちえん》のために自身（直義）の影像を神護寺に安置する〟といった内容が記されていることも明らかになった。

新説が浮上して二十年ほど経ったが、その肖像画が誰を描いたものかは論争中である。

今現在、ほとんどの教科書から姿を消してしまった頼朝の肖像画。したり顔で子どもに「これは頼朝だ」なんて言ってしまわないように注意したいところだ。

頼朝肖像画の矛盾点

其ノ一	其ノ二	其ノ三
モデルの人物が着用している冠の形式は、鎌倉末期以降のもの	眉や目など、顔の部位の表現様式が14世紀中期のものと一致している	描かれた毛抜型太刀は、13～14世紀のものだった

3代で途絶えた不遇の将軍家

源氏3代暗殺の黒幕は誰だったのか？

計画通りに葬られた頼家

鎌倉幕府の黎明《れいめい》期に将軍職を担った源氏3代は、相次いで非業の死を遂げている。まず、初代将軍・頼朝《よりとも》であるが、娘の大姫《おおひめ》を後《ご》鳥《と》羽《ば》天皇に入内《じゅだい》させようとするなど、藤原氏と変わらぬやり口に失望した諸武家の総意で暗殺されたといわれている。

続く2代将軍・頼家《よりいえ》の死因は、公式記録『吾妻鏡《あずまかがみ》』では一切語られていない。しかし、『愚管抄《ぐかんしょう》』には刺客に襲われて刺殺されたとあり、おそらく北条時政《ほうじょうときまさ》の手の者だろうと推察される。なぜなら、これに先立つこと1年前、頼家が存命中にもかかわらず、藤原定家《ていか》の下に幕府から「頼家が没し、子の一幡《いちまん》は時政が討った。弟の千幡《せんまん》を将軍にするので許可してほしい」との書状が送られているのだ。その後、この書状に〝予告〟された通り比企能員《ひきよしかず》と一幡は時政に滅ぼされ、計画通り千幡が実朝《さねとも》として将軍職を継いでいる。

実朝暗殺の黒幕は後鳥羽上皇か

3代将軍・実朝の場合は、暗殺の実行犯は頼家の子・公暁《くぎょう》であることがはっきりしている。問題は誰が黒幕かだが、ここでは後鳥羽上皇説を紹介しよう。彼は自らの側近・坊門信清《ぼうもんのぶきよ》の娘を実朝に嫁がせ、子どもを作らせないように指示。源氏の血統を絶やそうとしたといわれている。また、当時の朝廷には身分をわきまえない昇進は若死にするという迷信があった。実朝を右大臣に異例の早さで出世させたのは、後鳥羽上皇の〝呪い〟だったのではないだろうか。

源氏3代暗殺の裏に潜む黒い影とは!?

源頼朝	源頼家	源実朝
武家たちの意に反する姿勢を取り始めたため、諸将の総意によって暗殺?	北条時政の謀略のもと、刺客によって襲われ刺殺された	武家政権に反対する後鳥羽上皇が、源氏の血を絶やすため公暁に暗殺を指示?

承久の乱で大敗した天皇の祟り

皇統を守った後鳥羽院の怨霊伝説

倒幕を試みるも失敗し流罪へ

わずか4歳で即位することとなった後鳥羽《ごとば》天皇。天皇は19歳で土御門《つちみかど》天皇に譲位し、23年間にわたり院政を行なっていた。その後、反幕府の立場を明らかにした後鳥羽上皇は承久《じょうきゅう》の乱を起こす。しかし、後鳥羽上皇を支持する武士は少なく大敗。上皇は、隠岐《おきの》島《しま》へと流されることとなった。その後は後堀河《ごほりかわ》院が皇位に就き後《ご》高倉《たかくら》院が院政を敷くこととなったため、後鳥羽上皇は子孫が皇位に返り咲くことを切望していたようだ。

だが、後鳥羽上皇が流罪となったあと、生前から怨霊化の恐れがささやかれていたが、都には次々と不幸が襲い掛かる。後堀河天皇の皇后である藻壁門院《そうへきもんいん》、後堀河天皇などの要人たちが、20代半ばという若さで次々とこの世を去ったのである。さらに、これらの不幸は鎌倉方の要人たちにも飛び火。承久の乱で活躍した三《み》浦義村《うらよしむら》や、北条泰時《やすとき》が相次いで死亡。さらには都でも四条《しじょう》天皇がわずか12歳で事故死するという尋常ではない事態に陥った。

皇統が戻るまで続いた上皇の怨念

人々は、これらの度重なる不幸は後鳥羽上皇による怨霊だと確信する。上皇の祟りを恐れた人々は、非業の死を遂げた上皇に贈られた「徳」の文字を用いた〝顕徳院《けんとくいん》〟という諡《おくりな》を、霊に対する配慮として〝後鳥羽院〟に改めることに。

その後、四条天皇の崩御により、後鳥羽上皇の孫にあたる後《ご》嵯《さ》峨《が》天皇が即位。皇統が後鳥羽院の子孫に戻り、晴れて彼の願いは叶《かな》えられたのである。

京都だけでも５００人以上！

『平家物語』の誕生で琵琶法師ブーム発生？

蝉丸からはじまった琵琶法師の歴史

鎌倉時代、琵琶法師《びわほうし》ブームが巻き起こった。その引き金になったのが、かの有名な『平家物語』である。琵琶の音《ね》に合わせて物語を吟《ぎん》じる琵琶法師が流行し、15世紀中頃には、京都の市内だけでも５００人以上も存在していたというから驚きだ。そもそも、琵琶法師というものは宇多《うだ》天皇のとき、およそ9世紀頃の〝蝉《せみ》丸《まる》〟という人物から始まった。蝉丸は醍醐《だいご》天皇の孫で克明《よしあきら》親王の第一王子でもある源博雅《みなもとのひろまさ》という人物に、琵琶の秘曲《ひきょく》である『流《りゅう》泉《せん》』と『啄木《たくぼく》』を伝授したと伝えられている。平安時代に入ると、琵琶法師たちは中国伝来の秘曲を奏でたり、即興《そっきょう》で曲を弾くようになった。貴族たちの詩歌《しいか》の朗詠《ろうえい》をする者もいたという。

宮中からもお呼びがかかり……

13世紀初頭に『平家物語』が成立すると、琵琶法師は物語を琵琶で奏でながら語る〝平家語り〟として庶民から親しまれる存在となり、ねずみ色の衣服を着て市内を練り歩いたという。

そんな頃、ひとりの琵琶法師がいつものように市内をめぐっていると、彼の語る『平家物語』があまりに面白かったことから宮中に招かれ弾き語りをすることに。それ以来、琵琶法師は公家たちからも愛され、しばしば彼らに招かれるようになったという。

このようにして琵琶法師は『平家物語』の誕生とともに多くの人々から愛されることで隆盛《りゅうせい》を極めていき、全国に一大ブームを巻き起こしたのである。

琵琶法師ブームが巻き起こるまで

其ノ一	其ノ二	其ノ三
10世紀、琵琶法師の起源とされる蟬丸が源博雅に秘曲を伝授したという言い伝えが残る	平安時代末期、中国から伝わった秘曲や即興曲を奏でる琵琶法師が存在していた	『平家物語』誕生後、庶民、公家などから幅広く愛されるようになり、琵琶法師ブームが到来

禁断の恋と激しい嫉妬は昼ドラ顔負け

北条政子は嫉妬により夫の愛人宅を襲撃!?

恋した男と婚礼の晩に駆け落ち!

北条政子《まさこ》といえば源頼朝の妻であり、頼朝の死後は幕府の実権を握って「尼将軍《あましょうぐん》」と呼ばれるほどの権力を得た烈女である。

彼女の人生も破天荒そのもの。頼朝との関係も禁断の恋を強引に成就させたものだった。１１５９年に起きた平治の乱で、平氏は敵対する源氏その他の勢力に圧勝した。政子の父である北条時政はこのとき平氏側についており、敗兵となった頼朝を領地に幽閉する。そこで頼朝と出会った政子は、なんと頼朝の子を妊娠。

いわば囚人とデキてしまったわけで、これは北条氏にとって最悪のスキャンダルである。父・時政は政子を他家に嫁がせ、この事態をなかったことにしようと目論《もくろ》むが、政子は婚礼の晩に逃亡。頼朝の下へと駆け込んだ。頼朝は政子をかくまい、挙兵して平氏を倒し鎌倉幕府を開いたのだった。

嫉妬ゆえに愛人宅を襲撃、大騒動に

政略結婚が常識の時代に卓抜な行動力で恋人と結ばれた政子だが、頼朝の妻となった後もその情熱は衰えない。多くの側室を持ち、子を増やすこともこの時代の常識だが、政子は頼朝がほかの女を寵愛する度に激しい嫉妬をあらわにした。その嫉妬心は凄《すさ》まじく、武装兵に愛人の家を襲わせたこともあったほど。これを知った頼朝は実行犯の牧宗親《まきむねちか》を厳しく罰するが、彼が時政の後妻の父（兄という説も）だったために今度は時政が激怒。源氏と北条氏の関係が悪化した。政子の嫉妬から起きた夫婦喧嘩《げんか》が幕府を揺るがす騒動に発展したのである。

北条政子を読む

『北条政子』 永井路子／文春文庫

菊池寛賞受賞作家・永井路子の歴史小説。「稀代の悪女」とも「慈愛深い政治家」ともいわれる政子像を、女性独自の観点から描く1冊。NHK 大河ドラマ『草燃える』の原作にもなった

あまりにずさんだった高麗の造船事情

「文永の役」の神風は本当に暴風だった？

蒙古襲来に絶体絶命のピンチ！

神意に逆らうと起こるという「神風」。その規模はさまざまだが、鎌倉時代の中期、日本史上かつてないほどの大規模な神風が巻き起こった。1274年10月、約2万8000もの兵を率いる元《げん》・高麗《こうらい》連合軍が日本に襲来し、対馬《つしま》や九州、さらには博多、箱崎（福岡市）にまで次々と上陸した。連合軍は銅鑼《どら》の音や火花が炸裂《さくれつ》する音を鳴り響かせながら大群で押し寄せたため、日本兵たちは度《ど》肝《ぎも》を抜かれたという。そのときの様子は、『八幡愚童訓《はちまんぐどうくん》』にも「博多・箱崎ヲ打捨《うちすて》テ、多クノ大勢、一日ノ合戦ニタヘカネテ落チコモルコソ口惜《くちおし》ケレ」と記されている。

神風は意外にも小規模だった⁉

元・高麗連合軍の勢いは止まらず、翌日には九州北部が完全に占領されるかと思われた。ところがその夜、突如として博多湾を大暴風が襲ったのだ！　博多湾に碇泊《ていはく》していた連合軍の舟は一瞬にして沈没。幕府軍は幸運にも勝利を収めることができたのである。だが実際、この大暴風が起きたのは新暦の11月9日のこと。台風が発生する時期とはズレている。伝承では大暴風といわれる神風だが、意外にも温帯低気圧程度の小規模なものだったのかもしれない。では、なぜそのような弱風で元・高麗連合軍の舟は沈没したのだろうか？　実は当時、高麗の造船工事は手抜きで、実戦向きではない弱い舟ばかりだった。神風が吹くまでもなく、幕府の勝利は決まっていたのかもしれない。

2度にわたる侵攻
文永《ぶんえい》・弘安《こうあん》の役の経緯

其ノ一
チンギス・ハーンの孫、フビライ率いる元と高麗の連合軍が日本に侵攻

▶

其ノ二
神風が吹き起こり、連合軍は撤退。連合軍の死者・行方不明者は1万3000人を超えた

▶

其ノ三
フビライはふたたび日本に侵攻してくるが、神風に遭い侵略の継続を断念する

女好き天皇がハマった傾城《けいせい》傾国の美女

後醍醐天皇が愛した阿野廉子は魔性の女

妻の侍女にホレて……

建武《けんむ》の新政を行なったことで有名な後醍醐天皇《ごだいごてんのう》は、無類の女好きだったようだ。記録に残っているだけでも妻は18人、産ませた子どもは30人以上といわれている。そんな後醍醐天皇にもっとも愛され、一時は彼の寵愛を独り占めにしていたのが阿野廉子《あのれんし》である。

廉子は1319年、礼成門院《れいせいもんいん》という女性が後醍醐天皇の中宮として入内《じゅだい》した際に、侍女として同行した。そのとき廉子は19歳と当時にしては若くはなかったが、すぐに礼成門院を差し置いて後醍醐天皇の寵愛を受けるようになる。後醍醐天皇は廉子にぞっこんで、いつも廉子を傍らに置いた。そして次第に政務を怠るようにすらなったという。

無理やりにでも我が子を世継ぎに！

後醍醐天皇は廉子に「三位局《さんみのつぼね》」という名まで与えて重用した。廉子は後醍醐天皇との間に恒良親王《つねよししんのう》・成良親王《なりよししんのう》・義良親王《のりよししんのう》と3人の皇子を産む。廉子が長男の恒良親王を産むまでに、後醍醐天皇には4人の皇子が先に産まれていた。しかし廉子は自らの子どもをどうしても世継ぎにしようと、巧みに立ち回ったようだ。

皇太子の最有力候補だったのは、元弘の変など後醍醐天皇の鎌倉幕府討幕運動で活躍をした腹違いの兄、護良親王《もりよししんのう》だった。ところが実際に皇太子に任命されたのは廉子の長子である恒良親王。これを発端に始まった護良親王と廉子の政権抗争は、後醍醐天皇の建武の新政が挫折した原因のひとつといわれる。

知っておきたい用語

建武の新政

後醍醐天皇が鎌倉幕府を滅ぼした後の 1333 年、「天皇自ら政治を行なう」として開始した政治体制。武士層の不満を買ったことなどから足利尊氏が離反し、1336 年には政権が崩壊した

絶対バレないはずの計画はなぜバレた⁉

部下の別れ話が原因で失敗した倒幕計画

実行予定4日前に急襲された倒幕派

1324年9月19日。後醍醐天皇とともに4日後に鎌倉幕府の倒幕計画を企てていた土岐頼兼《ときよりかね》や多治見国長《たじみくになが》らが、幕府の大軍に襲われ、攻め滅ぼされた。同じように天皇の側近であった日野資《ひのすけ》朝《とも》や日野俊基《ひのとしもと》らも捕らえられ、かねてから極秘で進められていた後醍醐天皇による倒幕計画は決行直前までできて失敗に終わる。

後醍醐天皇による計画は、隠密に進められていたはずだった。しかし、なぜ直前になって幕府側にバレてしまったのだろう。

その理由は『太平記《たいへいき》』に記されている。密事《みつじ》を外部に漏らしたのは、倒幕計画に参加していた土岐氏の一族、頼員《よりかず》という人物だった。

別れの原因を妻に突き止められ……

倒幕計画がいよいよ実行に移されようとしたとき、頼員は最愛の妻に別れを告げた。倒幕実行は命賭けの行動、自分の命を見限った頼員は別れ話を切り出したのである。しかしふたりは相思相愛の仲、突然の別れ話を怪しく思った妻は夫を問い詰めた。その際、頼員はつい倒幕運動のことを漏らしてしまったのだ。彼は妻に口止めをするが時すでに遅し。夫の身の危険を恐れた彼女はすぐに六波羅《ろくはら》の奉公人である父・斎藤利行《さいとうとしゆき》に報告。結果、幕府に計画がバレてしまったのである。これまで極秘に進められてきた壮大なる〝倒幕プロジェクト〟。それは1組の夫婦愛によって打ち砕かれてしまったのである。

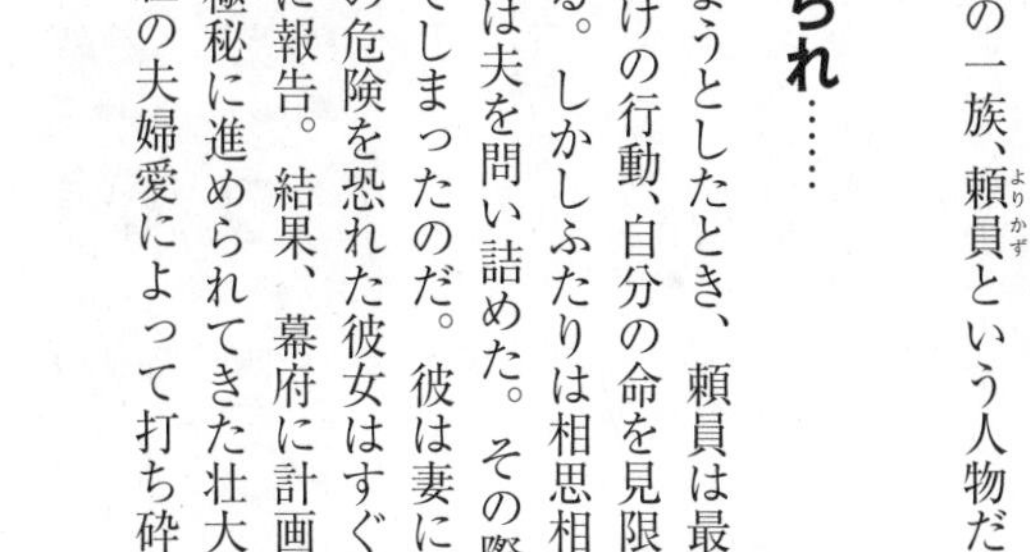

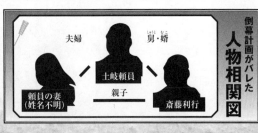

見果てぬ夢を追いかけて……

将軍・足利義満の夢は足利王国建設だった⁉

息子を使って将軍・天皇を独占

室町幕府の3代将軍・足利義満《よしみつ》。強大な勢力を持った守護大名たちを弾圧して、室町幕府の基礎を固めた人物として有名だが、実は彼は将軍という器を遥《はる》かに超えた壮大な野望を持っていたという説がある。それは将軍と天皇のふたつの権限を併せ持つ〝日本国王〟になることだった。

かねてから天皇の位に執着していた彼は、息子の義嗣《よしつぐ》を天皇にしようとしていた。義嗣の兄・義持《よしもち》に将軍職を継がせ、義嗣が天皇に即位すれば、将軍・天皇ともに足利家のものになるからだ。
私的儀式をすべて朝廷の儀式に準じて行ない、正室の日野康子《ひのやすこ》を天皇の准母《じゅんぼ》とした。これにより義満の子どもは天皇の准兄弟となり、あとは後小松《ごこまつ》天皇から義嗣に天皇位を譲ってもらうのを待つのみ。根回しは完璧だった。

明の皇帝からも認められていたが……

さらに義満の計画を裏づける証拠として、1402年に明の建文帝《けんぶんてい》から贈られた国書が挙げられる。そこで建文帝は義満のことを〝日本国王源道義《げんどうぎ》〟と表記していたのだ。これは建文帝が義満を日本国王と認めていたということである。

だが、義満は息子を天皇の猶子《ゆうし》とした直後に急死してしまう。死後、義満の取った措置は子の義持によって改められ、義満への太上《だいじょう》天皇贈位は辞退された。この死を義持陣営の暗殺と見る説もあるが、決定的な証拠はない。野望はすんでのところで水泡に帰したのだ。

知っておきたい用語集

准母
天皇の生母でない女性が母に擬されること。また、母に擬された女性のことを指す。本来、皇室の中から選ばれるが、義満の正室・日野康子のケースのように例外もある

猶子《ゆうし》
他人の子どもを自分の子として親子関係を結ぶこと。養子とは違って契約関係によって成立している。また、子の姓は変わらず親子関係の結びつきは弱い

京都から始まり全国規模の大戦乱に！

なぜ応仁の乱は11年間も続いたのか？

停戦のチャンスは3度もあった!?

応仁・文明の乱は将軍家の継嗣《けいし》争いをはじめ、室町幕府管領《かんれい》・細川勝元《ほそかわかつもと》と山名宗全《やまなそうぜん》の対立や、守護大名家の継嗣争いが複雑に絡み合って起こったもの。京都を中心とした戦闘は次第に全国へと拡大、戦いは延々と続き、終戦を迎えたのは11年も後のことだった。実は、11年の間には何度か停戦のチャンスがあった。開戦ののち、次期将軍に義政《よしまさ》の子・義尚《よしひさ》の就任が決まり、戦乱が起きた理由のひとつでもある「将軍の継嗣争い」に決着がついたのである。だが義政には政治力がなかったため、戦いはそのまま続行することに。
1472年、また停戦のチャンスがやってきた。山名宗全が和平提案を申し出たのだ！　だが東軍のひとりが猛反発。室町幕府はたったひとりの抵抗さえも抑えることができず戦闘は続くこととなる。最後のチャンスは1473年。細川勝元と山名宗全が死亡し、将軍も義尚に変わった。しかし、またも守護大名らの反発を受け、和平交渉は失敗に終わってしまったのである。

目的を見失ったまま戦乱続行

このように応仁・文明の乱は、途中から戦う目的も曖昧になったまま収拾がつかなくなり、11年間もずるずると戦い続けることになったのである。この余波で京都の民家はほとんど焼け、貴重な文化財も失われてしまった。将軍の継嗣争いから始まったこの戦いの一番の犠牲者は、実は何も関係のない京都の民衆たちなのかもしれない。

応仁・文明の乱　勢力図

東軍		VS	西軍	
細川勝元	武田信賢		山名宗全	土岐成頼
畠山政長	今川義忠		畠山義就	六角高頼
斯波義敏	小笠原家長		畠山義統	吉良義藤
京極持清	木曽家豊		斯波義廉	富樫幸千代
赤松政則	松平信光		一色義直	毛利豊元
山名是豊	吉良義真		小笠原清宗	

自分の評判より国益を優先した才女

日野富子は本当に悪女だったのか!?

富子悪女説、その根拠とは……?

〝歴史上の悪女〟といえば日野富子《ひのとみこ》だろう。室町幕府8代将軍足利義政の正室だった彼女は、夫をないがしろにして政治に口を挟み、金儲けに目が眩《くら》んだという。

そんな「富子悪女説」の理由に挙げられるのが、まず「大名への高利貸し」だろう。応仁の乱の最中だったというのに、彼女は敵方の大名にさえ平気で金を貸していたという。そして、もうひとつの理由が「関所の設置」である。土御門内裏《つちみかどだいり》の修理を名目に京都の入り口7ヵ所に関所を置き、民衆から銭を徴収したのだ。彼女は何のために金儲けに奔走したのだろう？　通説では、彼女は儲けた金で贅沢《ぜいたく》三昧の生活を送ったといわれる。『大乗院寺社雑事記《だいじょういんじしゃぞうじき》』でも「内裏の修理とは名ばかりで、富子は私腹をこやすばかり。人民にとって迷惑この上なし」と厳しく批判。だが、これを記したのは富子の兄・勝光と対立関係にあった大乗院門跡・尋尊《じんそん》。決して公正な記述とはいえないだろう。

将軍、義政は愚夫だった!?

特筆すべきは夫・義政について。銀閣寺の創建者として知られる義政は大邸宅や庭作りに没頭し、政治に背を向け続けたという。そのため、応仁の乱を終結させることもままならず、実行力のある富子が政治を取り仕切るしかなかった……という説もある。政治運営には資金が必要。富子は国のために金策に奔走せねばならなかったのだろう。悪人として批判されるべきは、実は彼女ではなく義政なのかもしれない。

日野富子が行なった悪行の数々……

其ノ一
公家、武士、庶民の別なく高利の金を貸し付ける

其ノ二
公家である実家の権威を利用して位階勲等《いかいくんとう》を売る売官行為を行なう

其ノ三
米を買い占めて相場を吊《つ》り上げ、巨額の儲けを手にする

〃トンチ〃を利かせた一休の訓《おし》え

一休さんの〃奇行〃は仏教の伝統のため!?

仏教での禁止行為を繰り返し……

〃一休さん〃の愛称で知られる臨済宗《りんざいしゅう》大徳寺《だいとくじ》派の禅僧・一休宗《いっきゅうそう》純《じゅん》。〃一休さん〃といえば、大きな目にクリクリ坊主、機転の利いたかわいい小僧が目に浮かぶが、実際には風変わりな格好を好み〃奇言奇行〃を繰り返す、相当な変わり者だった。一休は僧でありながら木刀を差して街を歩き回り、仏教で禁じられている飲酒や肉食、また女犯《にょぼん》も平気で犯した。しかも隠れてするのではなく、公然とである。だが、一休があえて衆人たちの目に触れるように破戒行為をしたのには、ある狙いがあった。一休がただの〝変人〟で終わらなかった理由があるのだ。

〝変態行為〟が共感を呼ぶ!?

当時、京都五山《ござん》の禅僧たちには権力におもねり、漢文学などにうつつを抜かす風潮が蔓延《まんえん》。仏教の形骸《けいがい》化が懸念されていた。また、表面だけは〝イイ顔〟をして裏では堕落・退廃した生活を送る虚飾《きょしょく》や偽善に満ちた禅僧が増え始めていたのである。こうした状況を目にした一休は、自身が〝乱れた行為〟を人目に曝《さら》すことで、堕落した禅僧たちを痛烈に批判したのである。そして、このままでは仏教が風化してしまうということを、身をもって僧たちに知らしめたのだ。

少し間違えれば〝変人〟とも思われかねない行動を、仏教の伝統を守るために堂々と行なった一休。この形式にとらわれない人間性が民衆の共感を呼び、のちにかの有名な「一休頓智《とんち》話」を生み出したのである。

一休の最期の言葉

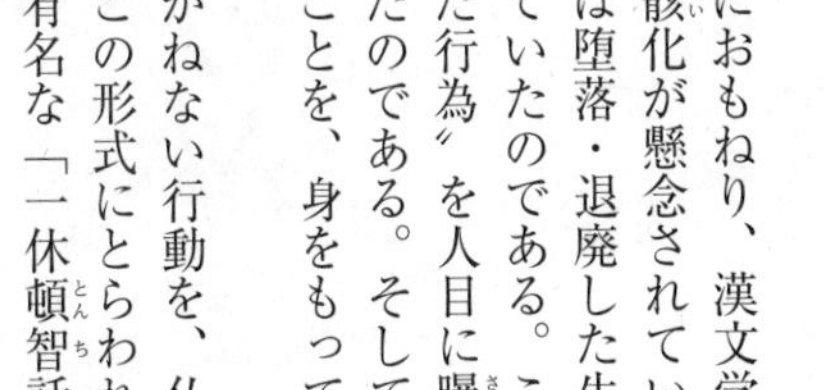

1481年、一休は臨終の際にこのように言ったと伝えられている。生涯をまっとうした一休の気持ちがよく伝わるひと言だ

そもそも銀箔など必要なかった

なぜ、銀閣寺は輝いていないのか？

銀箔が貼られていない銀閣寺

「足利義満の金閣寺があれほど美しく輝いているのだから、義政の銀閣寺もさぞ、素晴らしいことだろう」

そんな気持ちで銀閣寺に行くと、気抜けすること必至。事実、銀閣寺はまったく輝いていないのだから。では、なぜ銀閣寺に銀箔が貼られていないのだろう？

義政が銀閣寺の造営に着手したのは、１４８２年のこと。ところが「応仁・文明の乱」の５年後ということもあって財政難が響き、なかなか工事が進まなかったという。3年後に禅室の西指庵《せいしあん》ができ、翌年には持仏のある東求堂《とうぐどう》がようやく完成。そして観音殿が完成し、銀閣の上棟式《じょうとう》が行なわれたのは1489年、造営に着手してから7年後のことであった。

現在の形こそ完成形

こうした経緯から「義政は金閣寺に対抗して銀を貼るつもりだったが、財政難のため実現しなかった」とする説が有力だ。だが実は〝銀箔を貼る予定だった〟というような記録はどこにも残されていないのだ！

事実、義満が建てた金閣寺は、義政にとっての政庁だった。一方で、銀閣を含む東山山荘は政治からの避難場所、いわば避暑地だったという。しかも銀閣寺という名称は後世になってつけられた俗称。もともとは2階に観音像が安置されていることから、観音殿と呼ばれていたのだ。義政ははじめから銀を貼るつもりなど、まったくなかったと考えるべきなのである。

男と女の権威に差がつけられたのはなぜ？

男尊女卑の思想は武士社会が生んだ!?

かつては女性のほうが立場が上!?

今となっては〝男女平等〟という概念が共通認識となっているが、そもそも〝男尊女卑《だんそんじょひ》〟の考えが世に広まったのはいつのことだろう。歴史をひも解けば、最初から男性が優位な立場にあったわけではないのだ。

時代は縄文時代にまで遡《さかのぼ》る。実はその頃、女性のほうが立場は上だった。その理由として女性は採集《さいしゅう》、男性が狩猟《しゅりょう》を担当するという当時の生活スタイルが挙げられる。男性が行なう狩猟は必ず獲物《えもの》を捕らえられるとは限らない。一方、女性の採集は着実な上、木の実などは貯蔵もできる。そんなこともあって男性たちは女性に物が言える立場ではなかったのである。

このように、しばらく女性優位の時代が続いていたが、その意識は弥生時代から古墳時代に向けて変わり始める。男性が効率のよい農耕に従事するようになったからである。

きっかけは縄文時代の狩猟?

そして完全に男女の地位が逆転したのが源平争乱《げんぺいそうらん》の時代。頻発する戦いの場で活躍したのは、馬に乗り、武器を巧みに操る男性だった。縄文時代の狩猟のなごりが活《い》きたわけだ。また、合戦における働きにより男性には給与が与えられ、彼らが経済面を取り持つようになっていった。こうして武士社会の中から男尊女卑の考えが広まり始めたのである。

戦力が必要なくなった現代、女性が権力を奪う日も遠くないのかもしれない。

男尊女卑が定着するまで

縄文時代	古墳時代	鎌倉時代
男性の狩猟は、女性が行なう採集より不安定。女性が大黒柱《だいこくばしら》的存在	男性たちも効率のよい農耕に従事し始める。男性の地位も徐々に上昇	武士が活躍して、男性の立場が優位になる

第6章

近現代

数々の逸話が残されるヒロイン、その真実とは？

女性実業家・広岡浅子のずば抜けた生命力とは!?

明治実業界最大の女傑・広岡浅子

朝ドラ『あさが来た』の主人公・白岡《しろおか》あさ。彼女のモデルは、幕末から明治にかけて活躍した、女性実業家・広岡浅子《ひろおかあさこ》、その人だ。日本初の女子大学設立を働きかけ、生命保険会社「大同生命」の創設にも取り組んだ。さらに鉱山と銀行の経営にも関わっている。「明治実業界最大の女傑」とも呼ばれた浅子には、カリスマ的伝説が多数存在する。

行動力と度胸で名を上げる

17歳で大坂の豪商・加島屋に嫁いだ浅子。子どもの頃から商売に興味があったこと、夫が頼りなかったこともあり、簿記、算術、経済、法律などを独学で学びつつ、家業に精を出すようになっていく。

明治になって幕府が崩壊すると、大名たちに貸した大金900万両が返済されずに焦げ付いた。大坂の豪商も次々に倒産。金融界がパニックとなったのだ。浅子は諸藩の蔵屋敷を訪ね、逃げ回る家老らを捕まえて、「武士道をお忘れか」と説いて返済を迫った。論語から徳川家康の遺訓まで持ち出す浅子に反論などできず、何割かの借金を返済したという。浅子のおかげで、加島屋は倒産を免れたのだ。

浅子の名をさらに轟かせたのが、鉱山の経営だった。石炭の必要性が増すと考えた浅子は、九州の炭鉱を買い上げて鉱山事業に乗り出した。洋装で懐に拳銃を忍ばせて炭鉱に乗り込み、荒くれ者たちに向かって啖呵《たんか》を切ったという。さらに浅子は鉱夫たちと

浅子の援助を受け、日本女子大学校（現在の日本女子大学）を創設することとなった教育家の成瀬仁蔵

寝起きをともにして陣頭指揮を取った上、大金を出して、待遇改善を提案した。その度胸と行動力に鉱夫らも感服し、業績は急上昇したという。

生命の危機も商売の糧に

そんな浅子をよく思わない者もいた。加島屋を目の敵《かたき》にして、商売の妨害もしていた両替商・万屋《よろずや》からの融資申し込みを拒否したことから、逆恨みされた浅子は、近所の公会堂で行なわれた講演会の帰り道に突然襲われた。ナイフで脇腹を刺された浅子は出血多量で生死の境をさまよった。1週間ほど昏睡《こんすい》状態が続いたが、なんとか一命を取り留める。この事件は、史実ではなく創作ではないかとの説もある。

襲撃事件以外にも、浅子は何度も死を間近にしている。若い頃には結核を患い、老齢になってからは乳癌《がん》も克服。度重なる命の危機が、生命保険会社の経営へとつながっているのかもしれない。座右の銘でもある「九転十起」が実践されたともいえるだろう。

日本女子大学

実現しかけていた徳川政権

あと一歩で幻となった「徳川内閣」誕生秘話

陰ながら手腕を発揮した徳川家達

２６４年にわたり江戸の世を支えた徳川将軍家。明治維新後、15代当主徳川慶喜《よしのぶ》は謹慎を命ぜられ、徳川家は国政の舞台から姿を消すこととなるが、かつて総理大臣になりかけた徳川家の当主がいた。その人物の名は徳川家達《いえさと》。慶喜のあと徳川宗家の家督を継いだ16代当主である。

家達は家督を相続して早々に駿府《すんぷ》藩主となるが、廃藩置県によって、あっさり藩主の座から解任。千駄ヶ谷《せんだがや》で少年期を過ごすこととなる。1884年、成人した家達は華族令交付《かぞくれいこうふ》と同時に最高位の公爵《こうしゃく》に任命。

1890年には貴族院議員《きぞくいんぎいん》となり政界に進出し、1903年から30年もの間、貴族院議長を務めている。

内定するも一族から大ヒンシュク！

家達に総理大臣就任のチャンスが訪れたのは1914年、シーメンス事件により山本権兵衛《やまもとごんべえ》内閣が総辞職したときのことだった。次期総理大臣にと組閣《そかく》の大命を受けた家達は、その旨《むね》を一族会議にかける。だが、一族たちにことごとく反対された彼はそれを固辞。結局は大隈重信《おおくましげのぶ》が代わって就任し、「徳川内閣」成立には至らなかった。

明治維新で国政の舞台から追い出された身でありながら、ほどなく総理に指名されるということはそれだけ政治的手腕に優れていたということにほかならない。もし、家達が総理に就任していたら、大正の歴史は大きく変わっていたことだろう。

明治以降の徳川家の血筋

第16代当主・徳川家達
1863年生まれ。貴族院議長、日本赤十字社社長などを歴任

第17代当主・徳川家正
1884年生まれ。外交官から政治家に転身。最後の貴族院議長

第18代当主・徳川恒孝
1940年生まれ。財団法人徳川記念財団初代理事長を務める

明治維新の行政大革命！

版籍奉還と廃藩置県を諸大名は大歓迎した!?

いいことずくめの行政改革

１８６９年６月の版籍奉還《はんせきほうかん》と、１８７１年７月の廃藩置県《はいはんちけん》。これは諸大名が土地と領民を天皇に返還する上、藩を廃止するという政策だ。諸大名から反感を買ったと思われがちだが、その形跡は見られない。

これらの制度を諸大名が嫌がらなかった理由はふたつある。まずひとつ目は、経済的困難からの救済。藩主だった者たちはそのまま県知事に任命され、彼らの生活は質素な生活から一転、裕福

版籍奉還・廃藩置県を諸大名たちが歓迎できたワケ

其ノ一

知藩事の家禄は藩政時代よりも高い石高収入となった

なものに様変わりしたという。禄制の廃止により還禄した者には、〝金禄公債《きんろくこうさい》〟が交付され、その影響で大名時代よりも贅沢な生活を味わえたのである。さらに、旧藩時代に抱えた負債は新政府が代わりに請け負うこととなった上、もともと所有していた屋敷地はそのまま私有が許可され、彼らは巨大な資産家となった。これは、経済的困窮のせいで藩解体の危機にまで瀕《ひん》していた藩主にとっては、思ってもみない救いの手だった。

精神的圧迫からの救済

そして、諸大名が歓迎したもうひとつの理由。それは精神面にあった。幕末期には百姓一揆《ひゃくしょういっき》などに頭を悩ませた上、家臣からの突き上げによる圧迫により、藩主たちは精神的に参っていた。版籍奉還と廃藩置県は、そういった悩みを一掃させることにも役立った。裕福な生活が送れるようになった上に、悩みも解消してくれる廃藩置県と版籍奉還。諸大名らにとっても、むしろ大歓迎の改革だったのである。

其ノ二

のちに金禄公債が発行されたことでさらに裕福な生活へ

其ノ三

旧藩時代の負債は新政府が代わりに請け負うことが決定

其ノ四

幕末から頭を悩ませていた百姓一揆からの解放

第1章 幕末・維新
第2章 戦国
第3章 江戸
第4章 古代
第5章 中世
第6章 近現代

いわずと知れた女好き?

希代の絶倫男だった伊藤博文の下半身事情

英語力を武器に舞踏会三昧の日々!

日本の初代総理大臣・伊藤博文《いとうひろぶみ》。彼が総理大臣に選ばれた理由のひとつには、英語力が優れていたことが挙げられる。これを活用して日本のトップに立って政治を動かした伊藤だったが、欧化主義の推進者として舞踏会や夜会を連日にわたって行なっていたため、悪評も少なくなかった。というのも、そこでの彼は「女好き」の本性を丸出しにしていたためである。

その破廉恥《はれんち》ぶりは新聞にも取り上げられたほどで、あるときなどは美人として有名だった戸田氏共《とだうじたか》伯爵の夫人を誘い出し、何とパーティー会場の裏庭の茂みでコトに及んだという。また、遊廓・吉原の帰りぎわに美しい芸者を見かけると、そのまま馬車に連れ込んでナニを……ということもあったとか。エピソードに事欠かぬプレイボーイだ。その女好きっぷりはとどまるところを知らず、若い芸者から妙齢の未亡人までなんでもござれ。下半身の赴くままに突き進んだという。政治でも女でも、他の追随を許さない独走ぶりだ。

女遊びあってこその政治力？

宴会や舞踏会がある度に女を口説き、必ずといっていいほど両側に女を置いて寝ていたという伊藤博文。そのプレイボーイぶりは、見かねた明治天皇から「少し、控えなさい」とお叱りを受けたほどだという。だが、政治家として極めて優秀だったのも紛れもない事実。彼にとって女遊びとは、政治で緊張し切った心身をほぐす、最大の息抜きだったのかもしれない。

お前たち、やっちまいな！

伊藤博文も恐喝した!?
雷お新の伝説

やっていないのは殺しぐらい

明治時代、雷《かみなり》お新《しん》は盗賊の女頭領として全国にその名が知れ渡っていた。全身に刺青《いれずみ》をして子分を連れ歩き、金持ちを脅して金銭を奪い取る。そんな仁侠《にんきょう》時代劇のような話が実在していたのである。

お新は土佐《とさ》藩士の娘として生まれた。武家の出身であったことから肝がすわっており、人々の注目を浴びるほどの抜きん出た美貌も持っていた。18歳のときに大坂に出たお新はそこで悪事を覚えていった。

万引きやスリに、恐喝。活気のある大坂の街でお新の名は徐々に有名になっていき、彼女を「姐御《あねご》」と呼ぶ子分も大勢つくようになった。集まった子分を見たお新は悪の世界でトップに立つことを決意。箔《はく》をつけるためにと手を出したのが刺青だった。

誘いに乗ってきたところで刺青開帳

背中に大きな刺青を入れたお新は、さらに悪行を重ねるようになっていく。美貌を武器に金持ちを誘惑し、宿に連れ込んだところで刺青を見せてスゴみ、金銭を要求する。この方法で何人もの金持ちが犠牲となった。噂によると被害者の中には伊藤博文もいたという。

そんな彼女も1874年、強盗の罪により逮捕され、無期懲役を言い渡される。だが、牢獄の中でも彼女の威勢は変わらなかった。子分を多く作り、1882年には一度脱獄して、再逮捕されたこともあった。その後、1889年に赦免されたお新だったが、その翌年、病のために死亡している。

お新のトリビア

お新に彫られていた刺青

お新の全身に彫られていた刺青は金太郎、弁財天、北条時政、竜に雲、大蛇退治、波や緋桜《ひざくら》など。遺言により、皮膚ごと剥がして保管され、大阪や神戸の衛生博覧会にも出品されたという

時代の一歩先を行く元祖・経営コンサルタント

日本の経済基盤は福沢諭吉が確立した!?

日本人の金銭観を一新

「何となく偉い人」「1万円札の人」という印象の強い福沢諭吉《ふくざわゆきち》。日本人でその顔を知らない人のいない彼は、慶應義塾大学の創設者として特に有名だ。だがその真の姿は、現代日本の経済基盤を作り上げた〝経営コンサルタント〟だったのだ。

諭吉は江戸時代に初めて海外訪問するが、当時の日本ではまだ考えられない近代的な町並みや優れた通信手段、また新聞などの情報インフラを目にし、近代文明の発達や理念に目覚めた。当時の日本は江戸時代に見られた〝金銭蔑視観〟的風潮が色濃く残っており、金銭の話をするのは恥ずべきものだと考えられていた。商人さえも〝自分は卑しい人間だ〟と思うほどである。諭吉はこうした日本人の価値観を批判。もっと富を追求するべきであり、でなければ欧米と対等に渡り合えないと訴えた。

諭吉は元祖経営コンサルタント

ここからが諭吉の本領発揮。彼はまず自らが手本となり、日本で初の株式会社や生命保険会社の創立の指導を務め、出版業経営にも乗り出した。さらには男女平等を訴え、女性が経済的に自立できるように、と婦人向けの職場を率先して取り入れている。彼はいつも一歩先の時代を見て生きていたことがわかる。その先見の明には現代の経営コンサルタントも真っ青だ。

政界・官界関係者でもないのに経済成長に貢献した諭吉。現代の日本人が彼の活躍を忘れないために、諭吉の顔は1万円札に描かれているのかもしれない。

著書『学問のすゝめ』で生まれた諭吉の名言

其ノ一
天は人の上に人を造らず、人の下に人を造らず

其ノ二
人は生まれながらにして貴賤《きせん》貧富の別なし

其ノ三
独立の気力なき者は、人に依頼して悪事をなすことあり

基本姿勢は〝罪を憎んで人を憎まず〟

福沢諭吉は征韓論者ではない!?

誤解されてしまった福沢諭吉

「天は人の上に人を造らず、人の下に人を造らず」でご存知、福沢諭吉。強硬な愛国者である彼は、征韓論を唱えたとして中韓から非難されている。

　では、彼の征韓論はどのように展開されているのだろう。その内容をかいつまんで解説すると「欧米列強に対抗するためにも国家の近代化を促さなければいけないが、清国・朝鮮はどうしてもそれを受け入れようとしない。もはや、日本は前近代的な国家観を誇示するアジア圏を脱して、独自路線で近代化を推し進めなければ亡国は必至である」というもの。つまり彼が非難したのはあくまで清国・朝鮮の旧態依然とした政治体制で、清国・朝鮮の民族に対する軽蔑など微塵《みじん》もないのだ。

アジア諸国の発展に尽力した人生

諭吉はもともとアジア諸国、特に朝鮮の近代化に尽力していた。朝鮮の改革勢力である独立党・金玉均《キムオッキュン》に協力して、朝鮮で初めての新聞『漢城旬報』の創刊に私財を投じたこともあるほどだ。

だが、1884年12月、独立党によるクーデター・甲申《こうしん》事変が失敗に終わり、福沢の努力はすべて泡と消えてしまう。『脱亜論』はこうした事情を背景に唱えられた提言だったのだ。そして「欧米列強の脅威が増す中、まずは自国の発展に目を向けなければいけない」という彼の主張が、どういうわけか「アジア諸国を軽蔑している」と誤解されてしまったのである……。

なぜ名言になったのか？

「少年よ、大志を抱け」はクラークの発言でない!?

教え子たちの印象は薄かった？

「Ｂｏｙｓ，ｂｅ ａｍｂｉｔｉｏｕｓ！」。〝少年よ、大志を抱け〟と訳されるこの言葉は、札幌農学校の初代教頭を務めたウィリアム・スミス・クラークが学校を去るときに残した言葉とされている。あまりにも有名な言葉だが、本当にクラークが言ったのかどうかについては、はっきりしない点が多い。

証拠となるのは別れの場面に立ち会った人々の言葉だが、教え子の内村鑑三《うちむらかんぞう》や新渡戸稲造《にとべいなぞう》などがクラークのことを書いた文章の中には、この名言に関する記述は一切ナシ。ただひとり、名言に関して言及しているのは教育者の大島正健《おおしままさたけ》。彼は講演の中でクラークの言葉として紹介しており、その講演の記録が同窓会誌に掲載されて世に広まっていったのである。

名言には続きがあった!?

だが、この大島の言葉も一概には信用できない。まず、彼がクラークとの別れを惜しんだ漢詩に「青年奮起立功名」という文章があり、これが元となって生まれたのではないかという疑惑もある。また、講演の記録によれば名言の後に「Like this old man（この老人のように）」という言葉が続いたとされている。

そうなるとだいぶニュアンスは変わってくる。実際に言ったのだとしても、クラークとしては別れの言葉として気軽に言ったものだったのだろう。それが名言といわれるまでになったのは、当時の軍事的指導と拡大解釈が重なった結果なのだ。

ウィリアム・スミス・クラーク

1826年、米マサチューセッツ州生まれ。札幌農学校の初代教頭を務め、8ヵ月間日本に滞在。ちなみに彼が決めた札幌農学校の校則は「Be Gentleman（紳士であれ）」のみというシンプルなもの。

襲撃に遭い、ケガを負った板垣のセリフ

板垣退助のあの名言は捏造されたもの!?

演説後に短刀で襲われた板垣

自由党の党首に就任し、自由民権運動の主導者として活躍するなど庶民からも支持されていた板垣退助《いたがきたいすけ》。彼は1882年4月、東海地方遊説で訪れた岐阜県において暴漢に襲われる。

犯人は自由党を敵視していた相原尚褧《あいはらなおぶみ》。彼は、板垣が演説から帰るところを刃渡り27センチにもなる短刀を振りかざして襲撃した。だが、板垣は柔術を会得していたため肘で当身《あてみ》を行なって抵抗。ふたりがもみ合いになったところに板垣の秘書・内藤魯一《ないとうろいち》が駆けつけ、板垣は一命を取り留めた。

その際、板垣は「板垣死すとも自由は死せず」と叫んだといわれている。この言葉はのちにジャーナリストが演説の題名に使ったことで世間に広まったもので、〝名言〟として現代に語り継がれてきた。

ケガの痛みにさすがの板垣も……

しかし、実はこのとき板垣は「いたいがーやきぃ、早よう医者を」と叫んだとする説がある。これは彼の出身地である高知の方言で〝痛い！　早く医者を呼んでくれ〟というもの。板垣は7ヵ所もの傷を負っていたため、そう叫んでしまうのも無理はない。

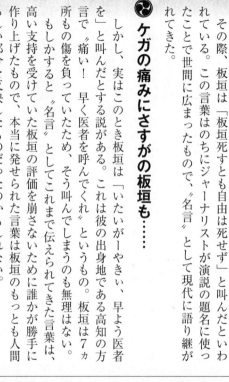

もしかすると〝名言〟としてこれまで伝えられてきた言葉は、高い支持を受けていた板垣の評価を崩さないために誰かが勝手に作り上げたもので、本当に発せられた言葉は板垣のもっとも人間らしい部分を反映したものだったのかもしれない。

板垣退助の言葉

其《その》楽を共にせざる者は、其憂を共にせざる所以《ゆえん》

意味は「領民と楽しみを共有しない支配者には、苦境に陥ったとき領民が協力しない」。庶民からも愛された板垣の人柄がうかがえる

偉大なる天才の情けない一面

言い訳がましく女好き 石川啄木ヘタレ伝説

もともとこずるい性格だった!?

明治末期の浪漫《ろまん》派詩人・石川啄木《いしかわたくぼく》。情感豊かな詩や歌で人々の心を摑んできた彼だが、私生活では数々の情けない逸話を残しているのをご存知だろうか？

まずは中学校時代。学期末試験で彼は隣の席の友人とカンニングを図るが、先生に見つかり失敗。ただでさえ成績が悪かった啄木はこの事件が元で退学勧告を受けることになった。しかし、そんなのはまだ序の口。学生時代を終えた彼を襲ったのは借金地獄だった。

20歳の頃、文学の道に進むため定職に就いていなかった啄木は米屋に借金をしていた。そのとき啄木は借金が返せない理由を文章で説明したことがあり、用紙の長さは1メートル33センチにも及んだという。当時、借金をするのは珍しいことではなかったが、ちょっと言い訳がましいにもほどがあるのではないか。

女性のことに関しては興味津々

啄木には女性関係の逸話も多い。22歳のとき、短歌の添削を依頼されていた彼は、依頼者の平山良子《ひらやまよしこ》と名乗る女性に興味を持ち、妻がいる身ながらラブレターを送ったことがある。だが、その平山氏は実は男性であり、啄木は見事に騙されてしまったのだ。

また、彼は16歳の頃から日記をつけていたのだが、23歳のときに書いた日記にとんでもない内容が記されている。人に見られてもいいようにローマ字で書かれたそれは、なんと自らのH体験記。浮いた噂はなかったが、女好きだったのは間違いなさそうである。

偉人なんて呼ばないで！

野口英世は自伝の過大評価に不満足!?

初の伝記も内容は作り話ばかり

細菌学研究の場において、世界的にその名を知らしめた野《の》口《ぐち》英《ひで》世《よ》。晩年、ニューヨークで暮らしていた彼の下に、日本からある本が送られてきたことがある。その本の名は『発見王野口英世』。野口の生涯を綴った初の伝記であった。

だが、それを読んだ野口は「これは作り話だ」と一蹴。なぜならその本は野口のことを完璧な人間として描いた、美談ばかりの内容だったからであった。野口が地位を得るまでには後ろめたい出来事もたくさんあった。そういう側面をなかったことにして、聖人のように描かれたことに不満を示したのだ。このエピソードはグスタフ・エクスタインが書いた『Ｎｏｇｕｃｈｉ』という本に記されている。

日本を代表する偉人になった理由

そして、このような描かれ方が野口の死後、彼をステレオタイプな偉人として持ち上げていく。昭和初期、野口は教科書に取り上げられ、子どもたちにもその名前が知られるようになる。貧しい生まれから努力を重ねて偉くなったということでウケがよかったのだろう。戦争が終わると、それまでの偉人伝の中心的存在であった乃木大将《のぎたいしょう》や東郷元帥《とうごうげんすい》などの軍事関係の人物が扱いづらくなり、代わりに台頭してきたのがほかならぬ野口だった。そうして野口は美談ばかりを描かれたまま、本人の意に反して日本でもっとも有名な偉人として持ち上げられてしまったのだ。

教員たるもの発言には要注意

夏目漱石の発言が生徒の自殺の原因に⁉

〝漱石〟の由来は中国の故事だった

『吾輩《わがはい》は猫である』『坊《ぼ》っちゃん』『こゝろ』など後世まで讃えられる数多くの作品を残し、明治・大正期を代表する文豪として知られる夏目漱石《なつめそうせき》。本名は夏目金之助《なつめきんのすけ》で、〝漱石〟という名は正岡《まさおか》子規《しき》から譲り受けたペンネームだったことはご存知だろうか？

〝漱石〟は唐代の『晋書《しんじょ》』の故事「漱石枕流《そうせきちんりゅう》（石に漱《くちすす》ぎ流れに枕す）」から取ったものである。子規はペンネームのひとつからこれを譲ったのだが、その意味は〝負け惜しみが強く頑固なこと〟。なぜ漱石

漱石枕流
中国の晋の時代の孫楚《そんそ》という人物が、「枕石漱流」、すなわち「石に枕し、流れに漱ぐ」と言うところを誤って「漱石枕流」と逆に言ってしまった。それを指摘されると「石に漱ぐは歯を洗うため、流れに枕するは耳を洗うため」とこじつけたことから、負け惜しみが強いことのたとえとして使われるようになった

はこのペンネームを使いはじめたのか？　それは漱石自身が類を見ないほどの負けず嫌いだったからである。

教員時代に残した負け惜しみ伝説

漱石は教員を務めていた頃、その負けず嫌いな性格を窺わせる逸話をいくつも残している。

たとえば中学校で英語を教えていたときのこと。生徒が「いまの先生の訳語は辞書に載っていません」と指摘すると、漱石はたじろぎもせず「辞書が間違っているのだ。辞書を直しなさい」と居直ったという。

また、東大で教鞭《きょうべん》を取っていたとき、ポケットに手を入れている学生を叱りつけると、その学生は片腕がなかった。さすがの漱石も申し訳なかったと謝ったが、その後に「私もない知恵を出して講義をしているのだから、君もない腕を出したらどうかね」と余計なひと言をつけ加えてしまった。いくら負け惜しみが強いといっても、ものには限度というものがある。

漱石の数少ない友人 人物相関図

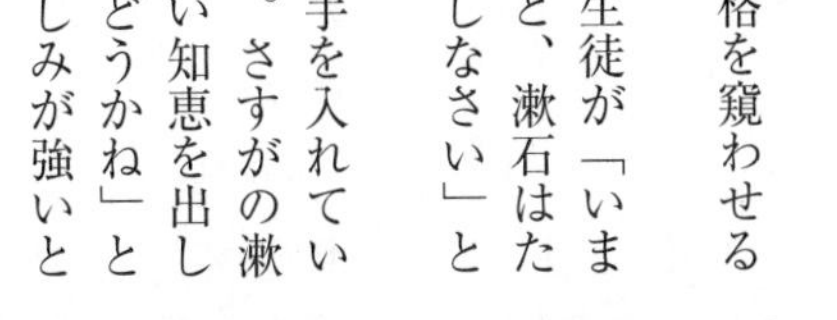
夏目漱石
・几帳面で頑固な性格
・専門は小説・評論
親友
正岡子規
・明るく憎めない性格
・専門は俳句・短歌

後年の鬱病の元になったとも……

そんな漱石の負け惜しみ発言だが、思わぬ悲劇を呼んでしまったこともあった。

東大の講義にて、ある学生に英文を訳させたところ「予習していません」と言うので、「次は予習をしておくように」と指示した。だが、次の講義でもその学生は予習をしてこなかった。怒った漱石は「勉強する気がないなら、教室にこなくていい！」と言い放った。その学生はほどなくして、華厳《けごん》の滝に身を投げて命を絶っている。学生の名は藤村操《ふじむらみさお》。高名な東洋史学者の甥であり、この自殺は社会に大きな影響を与えた。

遺書を見る限りでは件《くだん》の講義が原因だとは限らないのだが、藤村の死を知った漱石はひどく狼狽《ろうばい》し、神経衰弱を起こしてしまった。もとより神経質なところがあった漱石にとって、教員という職業は向いていなかったのかもしれない……。

その後の漱石の活躍ぶり

そんな悲痛な経験をした漱石だが、その後の彼の作家としての業績には目覚ましいものがある。

1904年の暮れから処女作『吾輩は猫である』を執筆。これが「ホトトギス」ではじめは読み切りとして掲載されると好評を博し、漱石は作家として生きることを決意する。その後も『坊っちゃん』などで人気作家となると、一切の教職を辞して東京朝日新聞社に入社。本格的に職業作家としての道を歩むことになる。その後も『三四郎』『それから』などの作品を意欲的に発表するが、胃潰瘍が原因で生死の間をさまよう危篤状態に。何とか持ち直すものの、以降も何度か胃潰瘍で倒れ、1916年に49歳でこの世を去った。

こうしてその生涯を振り返ると、漱石にとって藤村操の死がひとつの転換点になっていることがよくわかる。彼の死は決して無駄ではなかったのだ。

当時の社会を変えるきっかけに!?

芳川鎌子の情死が自由恋愛の原動力に!?

スキャンダル性ばかりが前面に

1917年3月7日、千葉駅で若い男女が列車に飛び込んで自殺を図った。女は跳ね飛ばされて重傷、男は轢《ひ》かれなかったが、短刀で首を突いて自殺した。

女は伯爵・芳川顕正《よしかわあきまさ》の娘で、名を鎌子《かまこ》といった。鎌子とともに自殺を図った男は、芳川家のお抱え運転手であった倉持陸助《くらもちりくすけ》。当時、このような身分の違う間柄での不倫は世間的にタブーとされており、メディアはこぞってスキャンダラスな情死事件として報道した。

一命を取り留めた鎌子は治療の甲斐あって退院するが、世間の彼女に対する目は厳しかった。「姦婦鎌子」「渋谷町民の汚れ」などと言われ、たちまち悪女のレッテルを貼られてしまったのだ。

確かに彼女の身分から考えれば決して起こしてはいけない事件。世間の糾弾も無理もないことのように思えるが、彼女のこの行動が当時の恋愛観を変えたと考える向きもある。

事件がもたらした社会的効果

女性解放運動の指導者であった平塚《ひらつか》らいてうはこの事件について、「上流貴族社会の人々を目覚めさせるひとつの機会を与えた」という前向きな文章を雑誌に書いている。その後、ほどなくして「自由主義恋愛」という言葉も誕生し、女性の地位が認められるようになっていった。直接的な原因ではなかったかもしれないが、鎌子のこの行動が自由恋愛思想が広まるひとつのきっかけになったのは間違いないだろう。

悪女の血族

芳川顕正

1841年生まれの政治家。鎌子の父。5人兄弟の末っ子から、伯爵にまで上り詰めた。1917年、鎌子の心中事件により枢密院副議長を辞任。その後、政界に戻ることはなかった

闇に葬られた首都移転計画

戦争が長引いていれば首都は長野県だった!?

東京を捨てる予定だった

現在、日本は首都機能を東京に集中させているが、実は東京＝首都という明確な規定があったことはない。そのことも起因してか第二次世界大戦末期、首都機能を長野県の松代《まつしろ》に移す計画があった。

1944年7月、太平洋戦争でサイパンが陥落したことで、本土決戦の可能性が浮上。同月の東條《とうじょう》内閣最後の閣議で皇居とその他首都機能を松代へ移転し、〝松代大本営《まつしろだいほんえい》〟を建設する工事を進

首都機能移転計画で松代が選ばれた理由

其ノ一

本州のもっとも内陸部であり、近くに飛行場がある

めることが承認された。その後、国民に極秘で工事は進められ、最盛期には朝鮮人7000人・日本人3000人が作業にあたったが、1945年8月の敗戦を機に中止。そのときすでに全体の約8割が完成していたという。

決して無謀な計画ではなかった

現在、松代大本営跡は観光名所として地下壕《ごう》の一部が公開されている。以前は強制労働の問題が騒がれていたが、当時の財政事情からすれば食事などの待遇は悪くなかったことが近年関係者の証言で証明された。地上部には天皇御座所《ござしょ》、皇后御座所、宮内省になる予定だった建物も残されており、軍の力の入れようを窺い知ることができる。

また、人気アニメ『新世紀エヴァンゲリオン』の作中では、長野県松本が第2新東京市という名称になり、首都機能を備えた都市として登場する。第1候補は松代だったという設定もあり、これも松代大本営をモチーフにしたものだとされている。

其ノ二

地質的に硬い岩盤で掘削に適し、10トン爆弾にも耐える

其ノ三

地下施設建設に十分な面積があり、比較的労働力も豊富

其ノ四

長野県の人は心が純朴で、信州は神州に通じ、品格もある

逮捕された人たちは冤罪だった？

「松川事件」の裏に国家的陰謀の影

故意に引き起こされた凶悪事件

「国鉄三大ミステリー事件」のひとつにも数えられる「松川事件」が発生したのは1949年8月。青森発、上野行きの列車が脱線・転覆した鉄道事故だ。

　捜査の結果、線路の継ぎ目部分のボルトやナットが緩められ、レールを固定する犬クギが抜かれていたことから、何者かが路線内に侵入して引き起こした人為的な事件であることが判明。しかし、この事件の裏には、国家レベルのとんでもない策略が隠されていた。事件の犯人として逮捕されたのは東芝松川工場労組幹部、国労福島支部幹部関係者ら20人。彼らは裁判でも有罪判決を受けたのだが……。

十数年犯罪者とされた20人

9年後、容疑者にあったアリバイは検察官によって隠蔽され、現場から押収したとされる物証は、警察によってでっち上げられたものということが明らかになった。そして61年の差し戻し審で、被告全員に無罪が言い渡された。無罪は認められたが、なぜ犯人扱いされたかはいまだ隠蔽されている。その理由は当時の日本の情勢に関係していた。「ドッジライン」の影響で労働争議が勃発していた事件当時、現場となった地域でも大量解雇をめぐって闘争が繰り広げられていたのだ。これに頭を悩ませた政府は運動を抑えようと、この〝事件〟を思いついた……というのだ。今となっては真相を知る由もないが、警察を意のままに操れる機関など、国家以外には存在しないのではないか。

国鉄三大ミステリー事件

其ノ一

1949年7月、下山《しもやま》事件。国鉄総裁だった下山定則《さだのり》の轢死体が東武伊勢崎線の線路上で発見された

其ノ二

下山事件から約10日後に起きた三鷹事件。三鷹駅構内で無人電車が暴走。6人が死亡

其ノ三

同年8月に起こった松川事件。福島県の松川駅、金谷川《かなやがわ》駅間を走行中の列車が突如脱線、転覆した

「腹」と「原」を聞き間違えたのが原因？

勘違いで暗殺された不憫な原敬首相

原敬暗殺の引き金は……

19代目の内閣総理大臣を務めた原敬《はらたかし》。彼は１９２１年、東京駅にて暗殺されるという最期を迎えた。しかしその事件は、犯人のとんでもない言葉の〝聞き間違い〟が引き金となっていたのだ！

原を殺したのは山手線大塚駅で駅員を務めていた中岡艮一《なかおかこんいち》、19歳。原が行なっていた財閥中心の政治などに、日頃から政治的な鬱憤《うっぷん》を抱えていた。また、中岡の上司・橋本栄五郎《はしもとえいごろう》も原に不満を持っていた。中岡は、橋本の影響を強く受けたとされる。

あまりにも不憫な原の最期とその後

事件の発端は、橋本と中岡のいつもの政治批判談義からだった。橋本の「今の日本には武士道精神が失われた。〝腹を切る〟と言っても、実際に腹を切った例はない」という発言に対して中岡は「私が〝原〟を斬ってみせます」と返答。そう、彼は橋本がいった「腹」を「原」と聞き違えたのだ。そうして勘違いしたまま原敬暗殺を決意。そして21年11月、中岡は東京駅にて原敬の右胸を短刀で刺して殺したのである。

事件後の裁判で、中岡には無期懲役の判決が下った。言葉の聞き間違いが事件の原因だと明るみに出たのも裁判中のことである。さらに、殺人を促したとして橋本が殺人教唆《きょうさ》の疑いで起訴される事態となった。

たったひとつの言葉を聞き違えたために引き起こされたこの事件、命を落とした原敬にとっては、あまりに迷惑な話である。

昭和最大のミステリーに迫る

3億円事件発生は学生運動対策だった

一瞬にして消え去った3億円

１９６８年12月10日。３億円もの大金を積んだ現金輸送車が、警察官らしき男から停車を求められた。男は、車の下に爆弾が仕掛けられていると警告し、全員を降車させた。そして車を安全な場所へ移動させるように見せかけ、金を積んだまま消え去った……。これこそ昭和最大のミステリー「３億円事件」である。しかしこの事件、公安警察のある狙いから引き起こされたという噂がささやかれている。

3億円が盗まれるまで

其ノ一

大金を積んだ現金輸送車が警察官に扮《ふん》した男に停車を求められる

日本では、安保闘争（1960年）や安田講堂事件（1969年）をはじめとする学生運動が勃発。学生の過激な行動を前に機動隊が出動しては衝突を繰り返しており、警察は頭を悩ませていたのである。そんな中、さらなる不安が警察を襲う。70年安保闘争である。彼らはその闘争を避けるため、学生紛争のアジトや活動の中心的人物を突き止める必要があったのだ。そこで引き起こされたのが3億円事件だった……というのである。

犯人捜査の目的は学生の実態調査!?

警察は3億円事件の〝犯人捜査〟との名目で、学生が多く住んでいるJR中央線沿いのアパートなどを中心に捜査を進めた。実際、調査を受けた若者は総勢11万人！　この影響もあってか、1970年頃に学生運動は下火になる。それと同時に3億円事件の捜査が大幅に縮小されているのは、ただの偶然といえるだろうか。いまだに事件が解決されず犯人が見つからないのは、謎を解く鍵を警察が握っているから……かもしれない。

其ノ二
爆弾が仕掛けられていると警告され全員が降車させられる

其ノ三
犯人は「爆発する！」と叫び、車とともに逃走(周囲は車を安全な場所に運んでくれていると思っていた)

其ノ四
男が戻ってこないことなどを不審に思い、支店そして警察に連絡。強奪事件であることが発覚

参考文献 （順不同）

『教科書が教えない歴史』藤岡信勝、自由主義史観研究会（産経新聞ニュースサービス）／『逆説の日本史3　古代言霊編』井沢元彦（小学館）
『逆説の日本史12　近世暁光編』井沢元彦（小学館）／『本当はもっと面白い戦国時代』神辺四郎（祥伝社）
『松平定知が選ぶ「その時歴史が動いた」名場面30』ＮＨＫ取材班編（三笠書房）／『戦国武将名言録』楠戸義昭（ＰＨＰ研究所）
『戦国武将の名言に学ぶ』武田鏡村（創元社）／『日本史年表・地図』児玉幸多編（吉川弘文館）／『その時歴史が歪んだ　信長異聞録』（ぶんか社）
『別冊歴史読本　戦国時代人物総覧』（新人物往来社）／『改訂新版　戦国群雄伝』（世界文化社）／『改訂新版　日本史の謎』（世界文化社）
『肖像画をめぐる謎　顔が語る日本史』（世界文化社）／『織田軍団　覇業を支えた常勝集団のすべて』（世界文化社）
『邪馬台国と卑弥呼の謎』中江克己（学研）／『スキャンダル！　日本史』武光誠（河出書房新社）
『真説　日本誕生　黄金の女王・卑弥呼』加治木義博（ＫＫロングセラーズ）『実録戦後　女性犯罪史』（コアマガジン）
『歴史を彩った悪女、才女、賢女』安西篤子（講談社）／『日本史人物「女たちの物語」上・下』加来耕三、馬場千枝（講談社）
『日本人の恋物語』時野佐一郎（光人社）／『驚愕！　歴史ミステリー　仰天ヒストリー１０８の謎を探る！』オフィスＪＢ、山口敏太郎ほか（コスミック出版）
『悪女と呼ばれた女たち』小池真理子（集英社）／『日本をつくった女たち』仙堂弘（水曜社）／『戦国武将への大質問』歴史の謎研究会（青春出版社）
『歴史を動かした女たち』高橋千劔破（中央公論社）／『日本夫婦げんか考』永井路子（中央公論社）／『男をむさぼる悪女の日本史』片岡鬼堂（日本文芸社）
『悪女・賢女の日本史』中江克己（日本文芸社）／『日本史・激情に燃えた炎の女たち』村松駿吉（日本文芸社）
『歴史をさわがせた女たち日本篇』永井路子（文藝春秋）／『戦国の意外なウラ事情』川口素生（ＰＨＰ研究所）
『世界の「美女と悪女」がよくわかる本』世界博学倶楽部（ＰＨＰ研究所）／『戦国時代の「裏」を読む』中村彰彦（ＰＨＰ研究所）
『戦国武将怖い話、意外な話』楠戸義昭（三笠書房）／『悪女たちの昭和史』松村喜彦（ライブ出版）／『日本の歴史１０１の謎』小和田哲男（三笠書房
『学校では教えない日本史』歴史のふしぎを探る会（扶桑社）／『人物叢書　新装版　西郷隆盛』（吉川弘文館）
『歴史の意外な「ウラ事情」あの事件・あの人物の〝驚きの事実〟』日本博学倶楽部（ＰＨＰ研究所）
『[図解]　古代史の「謎」と「真実」ここまで解き明かされた　日本誕生の舞台裏』武光誠（ＰＨＰ研究所）
『戦国武将・闇に消されたミステリー　いまだ解けない80の謎』三浦竜（ＰＨＰ研究所）／『戦国10大合戦の謎（愛蔵版）』小和田哲男（ＰＨＰ研究所）
『戦国武将「できる男」の意外な結末』日本博学倶楽部（ＰＨＰ研究所）／『陰謀と暗号の世界史 歴史の闇ファイル』（笠倉出版社）
『陰謀と暗号の世界史 歴史の闇ファイル2』（笠倉出版社）／『大奥のおきて「女人版図」しきたりの謎！』由良弥生（阪急コミュニケーションズ）

『日本史の謎　闇に隠された歴史の真実を暴く』（世界文化社）／『暴かれた古代日本　新事実を旅する』（世界文化社）
『教科書が教えない歴史人物の常識疑問』（新人物往来社）／『学校では教えてくれない日本史人物の謎』（学研）／『歴史を変えた武将の決断』（祥伝社）
『タブーの日本史』（宝島社）／『実録！　仰天世界事件史2』（大洋図書）／『実録！　仰天世界事件史3』（大洋図書）
『名言で読む幕末維新の歴史』外川淳（講談社）／『こんなに変わった！「日本史」偉人たちの評判』河合敦（講談社）
『図説　気になる「内幕」がまるごとわかる！　戦国地図帳』歴史の謎研究会編（青春出版社）／『平清盛　栄華と退廃の平安を往く』（晋遊舎）
『恋する日本史　やまとなでしこ物語』山名美和子（新人物往来社）／『徳川15将軍の事件簿』（扶桑社）
『壮絶！　最強武将名言録』（オークラ出版）／『陰謀と暗号の歴史ミステリー』（笠倉出版社）
『陰謀と暗号の歴史ミステリー2』（笠倉出版社）／『坂本龍馬伝 幕末を駆け抜けた英傑の生涯』（新人物往来社）
『坂本龍馬　101の謎』菊地明、伊東成郎、山村章也（新人物往来社）／『爆笑問題が読む 龍馬からの手紙』爆笑問題（情報センター出版局）
『「龍馬」と幕末維新がよくわかる本』本郷陽二、幕末維新検定倶楽部（ワンツーマガジン社）／『竜馬がゆく』司馬遼太郎（文春文庫）
『龍馬語録 自由闊達に生きる』木村幸比古（PHP研究所）／『幕末ミステリー　坂本龍馬74の謎』楠木誠一郎（成美堂出版）
『驚愕！　歴史ミステリー坂本龍馬と幕末暗黒史』ジェイビー、青木健ほか（コスミック出版）／『龍馬の手紙』宮地佐一郎（講談社）
『坂本龍馬伝（日本伝記叢書）』千頭清臣（新人物往来社）／『別冊歴史読本 土佐の風雲児坂本龍馬』（新人物往来社）
『龍馬暗殺の謎を解く』（新人物往来社）／『坂本龍馬 いろは丸事件の謎を解く』森本繁（新人物往来社）
『あやつられた龍馬 明治維新と英国諜報部、そしてフリーメーソン』加治将一（祥伝社）／『文藝春秋12月臨時増刊号 西郷隆盛を知る』（文藝春秋）
『明治維新人名辞典』日本歴史学会編（吉川弘文館）／『龍馬100問』「幕末動乱」研究会（双葉社）／『西行と清盛　時代を拓いた二人』五味文彦（新潮社）
『別冊歴史読本 平清盛ガイドブック』（新人物往来社）／『平清盛』歴史群像編集部編（学研）／『NHK大河ドラマ「平清盛」完全読本』（産経新聞出版）
『ビッグプロジェクト　その成功と失敗の研究』飯吉厚夫、村岡克紀（新潮社）／『光明皇后』林陸朗（吉川弘文館）／『徳川家歴史大事典』（新人物往来社）
『徳川家光』藤井譲治著、日本歴史学会編（吉川弘文館）／『徳川綱吉』塚本学（吉川弘文館）／『日露戦争スタディーズ』小森陽一、成田龍一（紀伊國屋書店）
『西郷隆盛　命もいらず 名もいらず』（ワック）／『甦る伝記の名著 幕末維新編　西郷隆盛』（弓立社）
『西郷隆盛 ラストサムライ』（日本経済新聞出版社）／『人をあるく　西郷隆盛と薩摩』（吉川弘文館）

日本博識研究所（にほんはくしきけんきゅうじょ）

豊富なデータベースをもとに、フィールドワークで得た調査結果と照らし合わせながら、現代知識の体系化を行う団体。物理学から生物学、医学、経済学、社会学、文学まで幅広い分野のわかりやすい解説に定評がある。著書に『爆笑！ 学力テストおバカ回答！』『人生を変える！マンガ名言1000』（ともに宝島社）、『世界一おもしろい！ 日本地図』（ベストセラーズ）、『日本人が知らない医療の常識』（G.B.）など。

※本書は、小社より刊行した『日本史大ウソ事典』（2016年2月）に加筆し、改訂のうえ再編集したものです。

宝島SUGOI文庫

最新日本史　まさか！ その「歴史」は嘘だった150
（さいしんにほんし　まさか！ その「れきし」はうそだったひゃくごじゅう）

2018年4月19日　第1刷発行

著　者　日本博識研究所
発行人　蓮見清一
発行所　株式会社 宝島社
〒102-8388　東京都千代田区一番町25番地
電話:営業 03(3234)4621／編集 03(3239)0928
http://tkj.jp
印刷・製本　株式会社 廣済堂

First published 2016 by Takarajimasha, Inc.
ISBN 978-4-8002-8308-5